포엠포엠
POEMPOEM

이렇게 작아 보이는 지구 안에
그렇게 먼 길이 있었다니

2025 Hyesun Rakove

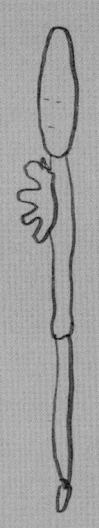

悲
2022.10.31
J

포엠포엠시인선 042

이렇게 작아 보이는 지구 안에
그렇게 먼 길이 있었다니

정혜선 시집

포엠포엠
POEMPOEM

이렇게 작아 보이는 지구 안에
그렇게 먼 길이 있었다니

목차

● 시인의 말 · 8

part. 1

그믐 · 13
캐리커쳐 · 14
폭설 쏟아지는 저녁의 언어 · 16
도모코를 위하여 · 18
마나마타 만湾에서 · 20
도태 · 22
뚝배기 속 · 24
Mortals · 26
모스크바에서 우리는 · 28
시트를 벗기다 · 30
인터스텔라 · 31
나는 빗자루 · 34
핼러윈 · 36
땅끝에서 · 38
아스팔트 · 40

part. 2

전봇대 · 43
화장지의 말 · 44
학교 가는 날 · 46
용기 · 47
가을 파종 · 48
별을 먹자, 별을 · 50
그 많던 이는 · 52
천진한 기억의 그림자 · 54
손의 안부 · 56
계란 화법 · 58
벽에도 귀가 있다 · 59
반달 · 60
송어 손질 · 62
최면 칵테일 · 64
크즈칼레시 · 66

part. 3

도라지꽃 · 71
도라지꽃 2 · 72
다시 피는 꽃 · 73
불의 축제 · 74
싱코 데 마요 · 76
단추를 채우며 · 78
비명 · 80
바람이 분다 · 82
새의 데칼코마니 · 84
자정 뉴스 · 86
풍경화가 있는 구도 · 88
[   ] · 89
별을 품다 · 90
아일란 드림 · 92
마술피리 · 94
워싱턴 텃밭 · 96

part. 4

  잠잘 때 · 99
  보라 · 100
  빨강은 거짓말 · 102
  누가 저녁을 불러냈나요? · 104
  키친드링커 · 106
  손등을 간질이는 사이 · 108
  허공 향해 발 딛는 · 110
  안아주는 팔 · 112
  지난여름의 먼지 · 114
  마지막 문병 · 116

  ● 작품해설
    이 세계의 온갖 아픔을 품에 안고서 시를
    ― 이승하(시인, 중앙대 교수) · 119

● 시인의 말

'블루'의 반대가 뭐야,
아이가 물었습니다

푸르다는 말은
얼마나 멀리까지 갈 수 있는지
퍼런 멍을 안고도 웃는 사람은 파란의 어디쯤 서 있는 건지
앙상해진 빙벽의 허리를 감아
달그락거리며 전해오는 이야기

시린 입술로 달싹이고 있을 때

어느새 멀리까지 뛰어갔던
아이가 숨찬 얼굴로 돌아옵니다
양 볼 가득 한 아름 대답을 꽃피우며 달려옵니다

2025년 새해

정 혜 선

Hyesun Rakove

part. 1

그믐

은회색 머리칼 단정히 빗어 넘긴 노인을
다리 절룩거리며 늙은 개가 뒤따른다
이우는 달빛 호위하며 황색 꼬리가 간다

느리지만
먼저 가는 걸음이
뒤에 오는 걸음을 기다려 주기도 하고
나란히, 앞뒤로, 서로의 몸짓 읽어가며

함께 간다

읽고 또 읽어
손때 묻은 책은 개의 귀를 닮아간다지
동행의 언어로 엮은 삶의 궤적 한 권

개의 귀는 쉬어가며 읽으려고
접어둔 책 모서리를 닮았구나

캐리커처

　당신을 보았다 오늘 또 다른 이국의 거리에서 당신을 보았다

　어느 여름 우즈베키스탄의 옛 수도 히바에서 나를 그려줄 사내를 산 적이 있다
　남자의 크레용 상자에 담겨있던 남루의 색깔들
　다섯 개의 크레용으로 젊은 동양여자 여행객을 그렸다
　내 얼굴이라기보다는 화가 자신을 닮은 찌뿌둥한 표정의 캐리커처를……

　거리의 화가가 즐비하던 그곳에서
　하필이면 그 남자 앞에 앉아 얼굴을 내밀었을까
　도화지 속의 생경한 얼굴을 마주한 순간
　왠지 새로운 생이 저벅저벅 걸어오고 있는 듯해서
　버리려던 캐리커처를 가방에 쑤셔 넣었다

　이곳 워싱턴 스미소니언 박물관역에서 지하철을 기다릴 때
　그때처럼 다섯 개도 넘지 않는 색깔로
　읽히지 않는 남의 인생을 망라해서 그려놓은 당신을 보았다
　동그라미에 몇 줄 선만으로 팔다리를 생략하고
　바퀴 위에 앉아 있는 픽토그램* 하나

봄 방학을 맞아 박물관에 견학 온 아이들을 배경으로
인파를 가르고 미끄러져 오는 휠체어, 몸통뿐인 그 그림을
길바닥에 펼쳐진 캐리커처들
온갖 생을 명료하게 정리해 놓은 당신을 직감으로 알아보
았다

* 픽토그램(pictogram) : 그림(picture)과 전보(telegram)의 합성어로 사물, 시설, 행태, 개념 등을 일반 대중들이 쉽게 알아볼 수 있도록 상징적인 그림으로 나타낸 일종의 그림문자.

폭설 쏟아지는 저녁의 언어

1
오후에 또 폭설이 쏟아진다고 한다
미국 수도 워싱턴의 노숙자들은 도서관이 있어 얼어 죽지 않는다
낮에는 도서관에 들어가 몸을 녹이고
밤에는 지하철역을 찾아든다
그가 그 한데를 잠자리로 삼은 것은 언제부터였을까
투구벌레처럼 집 한 채를 짊어지고 느릿느릿 걸어간다
사계절 옷가지를 쓸어 담은 검정봉지 손에 들고
노숙의 성지인 뜨신 김 오르는 지하철역 그의 방고래
개어 놓은 이불을 방석 삼아 앉는다
발밑을 구불구불 쉬지 않고 흘러갈 도시의 흉몽들
거미굴 같은 도시의 내장
귀가를 서두르는 사람들의 발걸음 소리 유난히 귀에 박힌다

2
그때 나는 무척 배가 고팠고 혐오가 한층 위장을 자극했다
하루에도 몇 번을 먹어야 하는 이 짓이 신물 난다
라고 입으로 말할 뻔했다
그가 봉지를 펼치고 튀긴 닭다리를 꺼내
천천히 아주 천천히 제의라도 치르듯 씹기 시작했을 때
행인들이 바라보거나 말거나 공을 들여서
먹는 행위만이 오로지 자신의 의지라는 듯 입을 움직였다

음식을 음미하는지 때때로
좌선하는 승려처럼 눈을 감고 가만히 앉아 있었다

3
먹을 것이 넘쳐나는 이 도시에서 노숙자라고 배고플 리 없겠지만
그는 한참을 굶은 사람 같다
공허를 먹고 혼잣말을 먹고 지하도의 탁한 공기를 마신다
과거의 조각들을 오래오래 씹어 삼키고 다시 게워 내어 또 씹는다
음식을 삼키고 나면 알아듣지 못할 말을 입속으로만 중얼거린다
주문이라도 외우는 듯 뜻이 불분명한 영어
겨울 저녁의 지하철역에 그의 먹는 행위만이 클로즈업된다

4
영어로 말할 때 나는 종종 말을 더듬는다
길을 잃고 헤매는 언어들
모국어로 치환해도 결국 같은 값이 나오지만
그 끈을 끈질기게 붙잡고 있다
길들여지지 않는 혀의 습성을
실어증의 한없는 무한 재생을

도모코[*]를 위하여

나는 몇 살이에요?
도모코는 물었을 것 같다
자랄수록 구부러지는 불구의 몸을
어미의 속살에 기대며

열여섯 살 딸의 몸
껴안아 씻기는 동안
물소리에 섞이는 손길은 성호를 긋는 듯
신의 암호를 해독하려는 듯

엄마는 여래如來 같은 표정
산호초가 썩고 물고기 몸통이 비틀어질 때도
순진한 바닷사람들 얼굴 그러했다고
바다를 머리에 이고 잠들던 사람들

생선 살을 발라 먹던 천진한 여인이 기형아를 낳던 밤
수은중독으로 사지를 떨며 물 한 모금 남의 도움 없이 마시지 못하는
육신은 죽음의 출소일만을 기다리는 감옥이 되었다

볼티모어 해안의 정박한 잠수함 옆에 섰다
방파제에 몰려드는 빈 콜라병과 샌드위치 봉지

기름에 튀긴 치토스 과자가 잘린 손가락처럼 둥둥 떠다닌
다

미나마타에서 보낸 메시지는 수취인을 잃었나?
스물한 살에 죽은 도모코가 오늘의 우리에게 보내는 신호
미나마타 심해에서 잠망경 드리우고 간절한 마음으로 지
켜보고 있는데

※ 미국의 사진작가 유진 스미스(W. Eugene Smith)가 촬영한 사진 작품 '도모 코와 목욕하는 어머니(Tomoko and Mother in the Bath)'에서. 미나마타병을 앓고 있는 우에무라 도모코를 재래식 목조 욕실에서 안고 목욕시키는 엄마의 모습.

미나마타 만湾에서

아이의 혀가 구부러지자
어부는 그물을 찢었다

아이야, 너는 무얼 먹었니?
전갱이 구워서 조갯국에 밥 먹었지
삼치회 썰어 미역 김에 싸 먹었다
그의 손발도 꺾이어 불구가 되었다

삐걱삐걱 걷던 여인이 걷지 못할 아이를 낳아
가슴에 묻어 기른다지, 괴괴한 일 벌어지는 미나마타 만
 바다마을 고양이 부두벽에 머릴 박고 물구나무를 서 미친
춤을 춰

공장의 굴뚝들은 알았지, 알고서 낮과 밤
끄떡없이 포효하지 생산이여 구국의 원동이여
플라스틱이야말로 불멸의 태동이여!

출산의 괴성 다음에 쏟아진 썩은 양수
맹독인 줄 모르고 쌓여만 갔다 은백색 수은
해저 흙과 바닷말, 조개와 새끼 물고기 죽어가며
 큰 물고기 더 큰 물고기 먹이 사슬 거슬러 인간에게 인간
에게

인간이 병들자 미타마타는
미나마타병病의 이름이 되었다
짓소*는요, 짓소는 지워졌나요?
해조류의 요람 어류들의 산란지 천혜의 아름다운
마나마타 만은 왜 병든 이름을 달았나요

사람이 죽었다, 많이
60년도 더 지난
끝나지 않은 이야기
비틀리고 변주해서 오늘 다시 들려와
우리의 간담을 서늘하게 하는

* 미나마타병의 원인 물질인 메틸수은을 미나마타 만에 방류한 화학회사, Chisso, 삼성 유조선 원유 유출 사고도 '태안반도 기름유출 사건'으로 널리 각인된 것처럼.

도태

팔이 필요하다
손과 손가락 버젓이 움직이는 팔 한 벌이
날갯죽지 쪽 말고
겨드랑이 안쪽 아래로 한 벌 더
필요한 만큼 가져가세요, 적힌 광고지를
한 장이라도 더 많이 나눠주거나
받아 주거나 그도 아니라면 주워 가기 위해서라도
손가락 관절이 행세하는 시대가 오고 있는 미래라고?
커피와 노트북은 다투지 않지만
스피커에서 흘러나온 노래는 내 의지가 아니에요
자유가 자동으로 넘치는 세상이라
손가락이 스무 개쯤 있으면 좀 더 편할 거라 믿는다면
당신은 너무 과거에 있죠
필요한 건 가슴에서 뻗어 나와 가슴으로 이어지는
팔, 복을 부르는 고양이가 손님을 부른다
찾으셨나요, 둘러봐도 손짓하는 사람 없다
구인 광고를 붙이는 전봇대가 사라진다면
불안한 당신과 나는 손을 맞잡고 감전感電 시대를 열자
전기를 일으킬 만한 사건을 벌이고 벌여 호외로 날리자
무감각한 발은 질문하지 않고 힘주어 사건을 밟고 지나가더라도
그 사람 얼굴 눈에 밟혀 글자를 읽을 수 없군요

팔 하나 더 있으면 한 장 더 주워 가겠어요
따뜻한 손 달린 팔 한 벌이면 좋겠군요
두 눈과 귀를 동시에 덮으리
손 달린 팔 한 벌 더 있으면

뚝배기 속

된장에 낫토를 섞어 끓이면 청국장 맛이 난다
낫토 된장, 주키니호박, 아이다호감자, 귀한 고춧가루까지
뚜껑 덮어 두부에 열이 스미길 기다린다

뱃속에 콩알만 한 것이 들어선 뒤론 내내 청국장 생각인 걸
닿지 못할 것 그리워하는 건 나를 닮았나

옛 연인의 집에서 처음 청국장을 먹었다
마중 나온 그가 두부 한 모를 사고 손잡고 데려간 집
어머니, 누나, 여동생과 넷이 앉는 사각 밥상에 우리 다섯
둘러앉아 청국장을 떠먹었지
네모나게 잘라 넣은 뚝배기 속 두부처럼 부둥켜 모서리를
버리고 앉았지

뚝배기가 부린 마법이었을까

반듯하게 무늬 진 이방의 삶으로 처음 내려설 때마다
쭈뼛쭈뼛 모난 구석에라도 발 디딜 용기가 생겼던 건
틈 벌려 나를 앉혀주는 고마운 손길에 믿음을 준 건
꼭짓점이 뭉개지고 버무려지며 속 깊은 데까지 뜨거워진 건

목숨 걸고 국경 넘어온 이웃이 있다

닿을 수 없는 것 그리워하는 사람, 알아보기 시작한다

청국장이 끓고 밥이 익을 때
이제 내가 둥근 밥상을 펼칠 차례

Mortals

1

05시 04분 야간반 식량 수송 다람쥐 새벽 귀가 중 교통사고로 즉사 가족들 소식 듣고 현장으로 달려왔지만 시신 수습 불가 절단되고 으깨진 시신 향해 오열 바퀴 소리 요란한 도로 앞에선 슬픔도 무색 죽음의 강 아스팔트는 평소 사고 잦은 곳으로 설치류들 사이에 요주의 지역이었음 사고를 당한 다람쥐는 오크트리맨션 801호 주민으로 알려졌으며 인근 인간거주구역 재개발 공사로 도토리 공급량이 절반으로 줄어 월동 준비 기일을 못 맞출까 괴로워했다는 이웃들의 제보 위험을 무릅쓰고 도로 질주를 감행해야 했던 사연에 안타까움 더해져 사실상 같은 처지에 놓인 노루 족제비 사슴들 사이에서도 인간 사회에 대한 반발 시위 논의가 이어짐 오크트리맨션은 작년에도 유사 사건 발생 후 인간거주지역에서 평화시위를 펼쳤으나 큰 주목을 받지 못하고 동원된 일부 다람쥐가 시위 중 사고를 당하는 등 불상사가 있었으므로 대규모 시위 계획에 회의의 목소리도……

2

죽음을 전시하며 아침은 도착한다. 스쿨버스를 보내며 손 흔들던 사람들 돌아가고 나면 우드헤이븐 길모퉁이에 사는 러시아 노부인 리버로드로 간다. 아침에 볼 때도 걷고 오후나 저녁에도 걷고 혼자 걷고 때로 누군가에게 의지하기도 하면서 그녀가 언제부터 어디로 언제까지 걷는지 헤아리기는 어렵다. 왼쪽 가슴께로 손을 얹어 쉬어 가며 걷고, 오십여 년 전 중국 떠나온 이웃을 만나면 멈추어 이야기를 나눌 때도 있다. 그들의 고향은 다르고 광대하며 이제 너무 멀다. 돌아갈 이유가 없어지면 고향은 타국이 된다고, 그들은 이 땅에서 죽을 것이다. 심장이 뛰는 속도에 대해 느린 대화를 나누는 동안 죽음은 공중 부양한다. 육중한 트럭이 두 사람의 이야기를 뭉개 버린 줄도 모르고, 죽음의 감각이 멀다. 우드헤이븐과 리버로드 일 점 일마일 무한궤도에서

3
당신은 죽을 것이다 오늘을 예언한다면 믿지 못하겠지만
암호에 갇힌 해독사처럼
꽃의 문을 열지* 못한 정원사처럼
작별 없이 멀어졌던 한 사람 떠오르며 한숨 쉬고 오래 주먹 쥐어보겠다
달려오는 혈색에 안심할 것인가? 도대체 안도는 미래에 있지만 완성하지 않은 채 죽어가는 모든 것, 알려지지 않고 지워지지 않는
아무렇게나 아무렇지도 않게 그렇게 모든 죽어가는 것들로……

    * 정미쉘 시집, 『꽃의 문을 열다』에서.

모스크바에서 우리는

　기차를 탔어, 플랫폼 번호도 목적지도 적혀 있지 않은 기차표를 들고 한참 헤매고 다녔는데 언제 올라탔는지, 어느새 기차는 달리고 있었고 어리둥절했지만

　제복 차림을 한 사람이 기차표를 보러 나왔어, 내 기차표와 내가 모르는 행선지를 처음으로 견주어 보게 될 타인, 내 쪽을 향해 걸어오더군, 힐끗 내미는 표를 보고 그가 고개 끄덕여 주었을 때 난 무슨 답을 써냈는지도 모르면서 정답이라고 말해주는 그를 사랑하고야 말았어, 사랑이 아니라면 설명할 수 없는 속절없는 시간이 눈부셨어

　전쟁이야! 누군가 외친 건 내가 아몬드 향 젤로가 담긴 접시를 막 비우고 사모바르에서 금방 따른 따뜻한 홍차에 레몬 한 조각 즙을 짜 넣고 있을 때였어, 사람들의 목소리엔 마치 기차에 오르기 전 제 모습을 기억이라도 한다는 듯 흥분이 섞였어, 포탄이 떨어진 거야! 어떻게 믿을 수 있겠어, 아이들이 학교 대신 지하 벙커에 모여 있다고, 돌아오지 않는 아빠를 기다리고 있다는 말, 틀림없이 고래가 지나가는 중이라고 아름다운 포말이 스크린에 비치는데

　쉿, 방금 것은 총성 같잖아, 뉴스처럼 소문은 들려 아니 소문처럼 뉴스는 퍼져 밖으로 나가봐야 한다고 수군대기 시작

했지만 일어서서 문으로 걸어가는 사람은 없어 창문의 명암이 채도 0도로 조절되고 출입문이 어디 있는지 기억하는 사람은 없거든 어둠을 더듬어 밖으로 나아갈 손잡이를 돌릴 수 있는 사람은 나타나지 않았어

  방에 갇혀 독가스에 질식하는 포로들의 이야기를 읽은 적 있어, 그들은 신발을 신고 있지 않았지, 가스 토치로 살짝 그을린 장어 초밥— 다음 식사 메뉴를 표시하는 스크린이 쏘아 대는 빛의 파장 때문에 또 한 번 사람들은 부신 눈을 감는 거야, 한결 마음이 편안해졌어, 어떻게 믿을 수 있겠어, 우리가 살고 있는 거대한 고래가 식식거리며 포탄을 뿜어 대는 동안

시트를 벗기다

침대 시트를 벗기다 보니
남편 잠드는 쪽 스프링이 내 쪽보다 내려앉았다
누운 모양새가 어떠하기에 싶어
그 자리에 누워 보니
썰물에 든 듯 당신의 바다에 온몸이 빠진다
뒤척이며 몰아쉬던 밤의 숨결이 짠 내를 풍기고 있다

김치가 익어 맛있다고,
면도날을 바꿔줘서 고맙다 말하던 당신이
밤에는 바다의 고랑에 들어 잠드는 줄을
당신 자리에 누워 보니 알겠다

때로 뜨거운 것 내뿜던 분화구였지
일상의 산맥을 일구고 물길 내느라 당신 자리는
달의 크레이터를 닮아가는 걸

이국에서 나고 자란 당신과 내가 식구를 늘려온 하얀 골짜기
벗긴 침대 시트를 손에 말아 쥐고
오늘 아침 당신 손 짚던 쪽으로
힘주어 따라 일어선다

인터스텔라

1
 중심에 대한 서사를 위해 우주로 간 물고기의 입장이 필요하다

 궤도를 벗는 것, 어항을 비추는 전등알을 태양이라고 믿게 되기까지 송두리째 뽑혀 올라온 생의 뿌리를 옮겨 심지 못한다 중력을 잃어버리면 거스르는 힘도 함께 잃는다는 걸 꼬리 움직일 때마다 일그러지며 빗나가는 본능 한 마리를

 사건을 받아 적는 우주과학자의 인식을 통해 송사리의 몸부림은 해석되고
 그렇게 물고기 한 마리의 입장이 정리되었다

2
 어느 날 지구로 떨어진 누군가, 문제는 중심을 잃고 비틀대기 시작했을 때 하필 그가 붙잡은 것이 길에 흔한 전봇대도 우체통도 아닌 구르는 유모차였던 데 있다. 막 녹기 시작한 아이스 아메리카노의 물기가 컵홀더를 적시고 있었는데 손끝에 닿은 냉기가 그를 조금은 진정시켰는지 이런, 기운을 차린 그가 붙잡은 유모차를 씩씩하게 밀고 나아가기 시작한 것이다. 손에 잡히는 아이스 아메리카노를 뽑아 들고 쪽쪽 빨기 시작한 것이다. 아이가 울고 세상의 회전 방향은 또

다시 엉클어지기 시작했는데 이번엔 세상의 모든 사람은 비틀대기 시작하고 아이와 그만이 중심을 잡고 빛을 등지고 걸어가는 것이다. 멀어지는 그의 뒷모습에 지느러미를 닮은 꼬리가 붙어 있는 것 같다고 누군가 비명처럼 외치는 것이다.

3

지구에서 멸종한 인간종이 우리 머라리의 조상이라고 주장하는 학자들이 있다. 행성의 중력에 굴복하여 지표에 붙어 살던. 허리 양쪽 아래 만져지는 단단한 것이 퇴화한 다리의 흔적이라고. 도구를 다룰 줄 알아 이동 속력을 최대 RF7까지 높일 수 있었다고는 하나, 차원의 구분 없는 오늘의 우리와 비교한다면 얼마나 속박된 곳이었을까 지구는. 멸망 직전에 지구 행성을 순찰했던 선대가 남긴 보고서에 인간은 행성 표면에 기생하는 종이면서도 지표를 뚫어 자원을 뽑아 태우며 공존 생명체들을 위협했던 존재로 기록되어 있다.

4
　　　　　우주로 간 물고기 이야길 들어 봤나요? [*]
자갈과 진흙이 깔린 직육면체 수조 앞에서 안내원이 묻는다 생글거리며 아이들은 작은 두 손 모아 현미경 렌즈처럼 공글린다 수조 유리에 딱 붙어서 꼬리지느러미 흔들며 삼차원 유영하는 우주로 간 송사리에 넋을 잃는다 손 동굴 너머 수조

안에서 얼핏 자유로워 보이기까지 하는,

* 무미초그(mummichog), 1973년 나사(NASA)가 우주로 쏘아올린 첫 물고기, 송사리과(科).

나는 빗자루

고작 빗자루로 하늘 좀 날았다고
여자들을 죽이던 시절 있었어 장작 위에 묶어 놓고
훨훨 불티가 높이 솟구칠수록 *저것 봐, 날고 있잖아?*

여성이여, 자신의 가치를 알고 있다면 스스로를 가리고 다닐지어다*
부끄러움은 되레 네 것이라며 예쁜 척 굴복을 체득시켰잖아

야채 카레와 바질소스치킨 중에 어떤 걸로 하시겠어요?
오죽한데 죽음도 선택일까요,
비행기는 떠나고 카불에서 그녀는 선택하지 못합니다

손톱 매니큐어 바른 여자는 유죄 발소리 내며 걷는 여자와 목소리 내는 여자와 여자는 유죄
부르카에 갇혀 소녀는
아버지를 사랑할 수 없는 벌을 받는다
여자들이 산다는데 그곳

머리 어깨 무릎 발 무릎 발
오락 시간 끝나지 않고
학교 종은 울리지 않고
모른 척 세상은 그믐달처럼 식어가고

지혜의 열매가 주렁주렁 열렸어도
따 먹는 사람이 없네요
몰래 깨물 거예요

숨어 읽던 책의 책장이 푸드덕 일어나고
지하에 모여든 눈망울이 커지면

진짜 빗자루가 필요해요

* 2021년 8월 15일 탈레반 정권 수립 후 BBC 뉴스 기자가 촬영한 아프가니스탄 벽에 새겨진 글, 'If Afghan woman knows her values, she will cover herself.'

핼러윈

길을 건너기 위해 길 위에 서는 시간
차가 지나고 바람이 오가고
사신死神을 만난다

그가 찾는 붉은 살갗의 열기
몸의 안쪽부터 뛰는 것에 대하여
바뀐 얼굴을 쓰고 휩쓸리며 쏟아지는 사람들 틈에서

말하지 않았지
쉽게 다치고 물러지고 터져버리는 것
바깥을 견디지 못하는 것

살을 섞는다는 말은 끔찍한 농담이라서

신호등인 듯 먼 데를 보면
립스틱으로 가슴마다 'N'자를 그리고 물러나는 천사가 있어
실성한 듯 심폐소생술을 해도 돌아오지 않는 사람들
벌어진 셔츠 위엔 머뭇거리다 빠져나가는 것들이 있어
영영 먼 데로 건너가는 것들

너의 이름은, 물으며 다가오는 그를 알아본다
붉은 벽 모퉁이 돌아가면 희고 푸른 밤을 일으키는 향불이

타오른다고
껍데기를 내어주면 그는 나와 함께 길을 건널 텐데

뺨을 맞는다 정신 차려요!
갈림길에 이르고 팔이 자란다
내 이름은, 내 이름은, 손을 뻗는다

신호가 바뀌고
구멍 뚫린 호박마다 불이 켜지고
너와 내가 자리 바꾸어 걷던 길 위를

나는 지킨다

땅끝에서

한 사람이 서 있었다
벼랑 위에 발뒤꿈치를 붙이고서
땅 끝으로 걸어오는 나를 반기듯 가여워했다

땅끝에는
전망대가 있고 모노레일이 있고 해저 터널과 횟집이 있지만
물러설 곳 없다

썰물 때 기지개 켜듯 한껏 발등을 늘리는 게 매번 최선이다

땅끝에 매혹되는 사람들
해 지는 갯벌로 내몰리는 맨발들
지는 싸움을 기록하는 비장함 같아

내가 땅끝으로 향한 이유도 다르지 않다고
벼락같은 시 한 줄로 생이 불타버리는 각오를 목도하고 싶어서

한 사람이 있다
온몸으로 밀고 가는 고둥*의 몸 글씨를 알아보는 쓸모로서
눈끝을 건저 올리는 짙은 아이라인으로
절벽 향해 던지는 기나긴 포물선으로

가능했던 모든 궤적으로
우주는 아슬하고
해남海南의 밤은 폭폭 간다

페이지가 끝나는 자리에 모서리가 일어나듯
한 사람의 부르는 노래는

진정코 타종하는 허공에 서 있다

* 김이듬 시인의 말.

아스팔트

돌진하는 노루를 뱉어낸 적 있다
뭉개지는 붉은 발과 사라진 신 한 짝
스프레이로 덧칠하는 주검의 테두리
육식성으로 세계를 감각하는 형벌을 나는 부끄러워한다

죄목이 무엇이었던가
한때 공룡이었던 기억, 발밑은 보이지 않았는데
기름 찌꺼기 검은 몸에 갇혀 녹신한 롤러 밑에 깨어났으니
종횡으로 그어진 흰 줄무늬가 오늘을 복역하는 나의 증거다

더운 피 흐르는 한 덩이 어둠을 뉘어 놓고
캄캄한 나뭇잎들과 오래 글썽이는 밤이다
깨어진 유리 조각들도 벼리며 날카롭게 빛을 끌어모으지만
아침은 한 줄 슬픈 소식으로 볕을 들일 뿐

어긋난 가슴팍 벌려 흰 꽃 일어난다
무덤 없이 잠든 무수한 바람 앞에 머리 조아려
풀 한 포기의 증언 붙들고 있다

part. 2

전봇대

한 아름 둘레 안에 갇힌 뒤론 수직만 생각했다
전력을 다해 서 있는 일
개들이 갈겨주는 의리의 오줌을 밑거름으로
도시의 아우성이 밀어닥치는 복판에서
후퇴하지 않는 전사로 사는 일

피 흘릴 줄 모르는 나는
갈증에 겨운 태양이 머리꼭지를 눌러도
어퍼컷으로 덤프트럭이 아래턱을 후려쳐도
싱싱한 자동차 매연을 휘감아 곤추 수직으로 들이박았다
들이박는 일만 생각했다

그 밤 느닷없는 포옹에 사로잡히기 전까지는

팽팽해진 밤공기에 전신줄이 곤두서는 고통 속
  누군가 차가운 내 몸에 머리를 놓고 괜찮다, 괜찮다 기도문을 읊어 주었다
  무너지고 성내고 곤죽을 쏟아내는 사람들이 차례차례 내 발에 입 맞추었다
  오렌지 환타가 흘러 개미행렬이 지나던 자리가 성지순례의 길이 되었다

  밤의 무늬가 선명하여 나는 절로 전신傳神이었다

화장지의 말

  한산섬 달은 밝았을 거야
  긴 허리끈 풀고 앉아 깊은 시름할 적에
  문틈에 불어오는 여린 바람에도 파르르 함께 떨던 나
  맨몸에 감은 흰옷 풀어 당신의 비밀 훔쳐주었지

  말해주고 싶었어
  당신 혼자 그리 끙끙댈 일 아닐 거라고
  세상 등지고 문 걸어 잠그는 일에 대단한 용기가 필요하지도 않다는 걸
  화장지가 풀어지고 응시의 봉합선이 뜯어지는 순간 당신은 잊겠지만 말이야

  쓰고 구린 일상의 밀도 속에 나를 낭비하는 곳
  공중화장실 변기 옆에 붙어 들락거리는 엉덩이에 맞장구치며 사는데
  인간들이 말하는 웬만한 맛 나도 맛보지 않았겠어?

  소요에서 적막을 길어 올리고
  울음에서 울음 이후를 분리해 내는
  들어서는 일과 나아가는 일 사이의 일주문―柱門에
  생과 죽음이 걸리기도 한다는 걸

검은 비닐봉지에 든 핏덩이의 수의壽衣가 되어준 적 있어
눈물 한 방울에도 찢어지는 내가 짧은 생을
담은 한 벌의 옷이 된 적 있어

남몰래 네가 아름다운 사람이기를 바랐어
적막이 머무는 자리 오래 돌아보았기를
하루에 수백 번 문은 닫히지만 묵언의 한 칸은 영원하지 않아

학교 가는 날

여름 새벽 녹두처럼 기다리고 있다

햇살이 눈에 힘주자
파팡! 제 가슴 열어 깨어나는 녹두들

처음으로 제 이름이 불린다고
부르는 소리 궁금해 못 견디겠다고

옹골차게 웅크렸던 옹근 다섯 달 끝에
비닐 가빠 위로 모인 진초록 꼬투리 떼

세상에서 가장 긴 활주로를 거쳐
아름답고 힘찬 비행을 위해

불티나듯 도약하듯 파방, 팡!

하늘 나는 기분 째지게 좋을 줄!

용기

나고 샘솟으며 솟아난다 가상하나 근거 없는 때도 많다 나에게 없으면 남에게 내라 우기며 믿는 구석이 꼭 있는 건 아닌데 허세하고는 질감이 달라, 끓는 용암처럼은 안 되고 잘 마른 장작이 타오르는 온도일 때 오래오래 이것은 있다

없다, 없거나 약하거나 잃어 도무지 없다 세상의 밀물에 부유하는 빈 깡통처럼 이것은 때로 허기의 모습이다 인간이란 텅 빈 뱃속 크기보다 일 밀리도 크지 않다는 생각을 한다, 정말로 없어졌나, 주먹에 힘을 주니 아직은 살았구나, 한숨으로 새어 나온다, 이것은 작다 아주 혹은 없다 정말 구해야 한다 되찾거나 북돋을 방법을

만물천국 신주쿠의 편의점에는 없는 게 없다는데, 있을까 내게 필요한 이것, 진열대 사이를 걸어와 묻는다 '저 혹시… 용기… 있나요?', '*하이, 아리마쓰. 네, 있습니다. 아나따노 나카니. 당신 안에.*'* 있다 있다니! 내 안에, 내 안에!

이것은 때로 느껴지지 않는다 남의 눈에 더 잘 보일 때도 있다
그러나 이것은 내 것, 나고 샘솟으며 넘친다!

* 2002년 여름 일본 기숙사에서 본 광고 문구였던 것 같다. 무엇에 홀려 헛것을 본 건 아닐 텐데 다시는 그 광고를 볼 수 없다. 하지만 분명 있었다, 있다!

가을 파종

겨우 아이 눕혀 놓고
아버지 일하시는 밭에 나왔다
양파 모종 한 묶음 손에 쥐고
고랑 따라 줄 맞춰 한 포기씩 놓으면
뒤따라오시는 아버지 괭이로 흙을 퍼 살포시 덮는 작업

얇디얇은 초록 모종
흙 위에 한 포기 내려놓으면
가느다란 실뿌리 열댓 가닥이
흙을 움켜잡듯 척, 자세를 잡는다
휘적거리던 풀줄기도 더는 흔들림 없이

비장한 각오로 드러누운 모습이지
낮잠 들기 싫다고 울며 떼쓰던 아이도 개구리 뒷다리 벌린 자세로 척,

아이의 잠 한 고랑 넘을 때마다
양파처럼 환하고 알싸한 몸부림
땅속에서 부지런히 부름켜 밀어내듯 이불을 걷어차고 있진 않을까

절 올리듯 허리 숙여 모종을 놓는다

얼굴만 빠끔히 내민 어린 모종들
다독이듯 꼬옥꼭 뿌리 자리 디뎌준다

별을 먹자, 별을

별을 먹으면 온몸이 반짝이고 무적이 된다
날아든 독버섯을 먹고 기우뚱 헛바퀴질 할 때
별 먹어, 별! 앗싸!
5차원 트랙 위를 달리는 일이 소파 위에서 뛰지 않는 일보다 쉽다는 아이들 틈에 앉아 별을 먹으러 달려가는 저녁
얘들아, 근데 우리 저녁은 먹었니?

인간은 생존한다
가까운 미래에 관한 이야기
고로 생존한다, 인간은
지금으로선 믿기 어려운 말

모두가 함께 도착하는 미래는 신기루겠지
이기는 쪽이 없다면 레이싱은 성립하지 않겠지만

대포스피드를 타고 황금 버섯을 먹은 후
세상의 터널을 수없이 뱅뱅 돌고 몇 번쯤 넘어지고 타인과 충돌한 뒤
드디어 결승선에서 만나는 건 바로 우리 자신이란 걸,

미래에 인간은 음식을 프린트해서 먹을 거래 오늘도 저희에게 일용할 양식을 주신, 누구? 그것도 정하기 나름이겠지

총알처럼 쫑알대는 아이들이 사는 세상을 생존이라 부르자 아이들이 달리는 동안 인류는 흐른다

별이 보이지 않는 밤엔 진흙탕에 쏟아진 별사탕을 휘휘 저을지라도

※ 비디오게임 '마리오 카트'의 아이템 이름을 빌려 변형하여 씀.

그 많던 이는

어디로 갔나
훌쩍 뽑아 지붕 위로 날려 보낼 뿐
수신 확인할 수 없는 유치乳齒의 결의

무슨 생각 했을까 쑥색 지붕에 누워
기다리던 이는 까치에게 물려가길
기다리던 동안 하늘에 이빨 자욱 그으며 날면 제 몸에도 날개가 돋는 줄 알았나
밤이 되어 쏟아지는 별을 보며 자기도 빛나는 그것인 줄 알았나

적막한 밤 팔베개하면 꿈의 심박 수 센다 아득한 태엽이 돌고 돌아 종잡을 수 없어진다
우리들의 거실에서 괘종시계가 사라진 날 더불어 퇴물이 된 처녀 귀신 떠돌고
자정을 기다려 입에 칼 물고 염탐하던 거울의 안쪽이여

송곳니 빠질 무렵이었어
지우개 가루를 내 쪽으로만 불어대던 녀석이 먼 데로 전학을 갔는데 속 시원히 빈 옆자리가 못 견디게 사무치기 시작한 거
처음으로 가슴에 멍울 맺힌 거

어디로 갔나 허전한 잇몸에 혀를 씻던
이제 와 무슨 말로 실종신고를 할까

어느 새의 부리에 물려 여기까지 온 것 같은데
머나먼 빙벽 너머 온 세상 어린이들의 젖니로 쌓은 무지개 언덕은 없을 것 같은데
자꾸만 미끄러지고 구르고 있다

어디로 갔나 그 많던 이

천진한 기억의 그림자
— 알츠하이머

여기 우물 하나 파지 않겠냐고 길에 앉은 노인 지팡이를 찍는다

어쩌지 못한다고 했다
사랑한 기억을 잃고 제 이름마저 우물쭈물하는 그를
무턱대고 믿어 삽질하고 자갈을 골라내며
깊게 깊게 파 내려가다가 진짜로 차오를지 모를 울음 같은 걸
말릴 수 없다고 했다

지나는 모든 이에게 말을 거는 마음은 무얼까
어렵게 퍼 올린 우물 안에서 얼굴을 찾아 놓고도
잃어버린 일을 까맣게 잊어
낯선 원형을 마주하는 일은

'나한테도 당신 닮은 딸 하나 있어요'
우물 더 깊어질수록 울음의 울림으로 기도 올리듯
울다 깨어나면 어릴 적 엄마 품일 듯
울음을 건져 올리지 않는다

밤의 우물에선 새 물이 솟기도 해서
또렷이 내리는 달빛마저 생생해서

천진한 기억처럼 맑은 그림자 퐁당퐁당 깨우기도 하는데
우물은 먼 곳에서 홀로 맑아서

우물 밖으로 달아나는 달 붙들어
거울 안에 넣어 놓고 매일 아침 들여다본다
떡을 찧고 식구를 늘려온 토끼의 그늘을 수상쩍게 회상하다가 어물쩍
우물의 자리로 되돌아간다

여보시오 내 딸 같은 사람, 말을 건다

손의 안부

박朴 할머니 손엔 변덕 부리는 날씨가 살아
손바닥 펼치면 장마전선 고기압 전선
비 오는 날에는 농사짓는 큰딸에게
맑은 공일엔 홀아비 된 막내에게 손전화를 건다

흐린 날 고요해진 손은
구름 낀 방바닥 오래 닦으며
얼룩지는 얼굴마다 쓰다듬는데
경로당에서 배운 한글로 쓰기엔 돋아나는 마음자리 무성하여서

바위 밑 가재의 가느다란 더듬이마저 훤하게 새살거리던 때 있더랬는데
다슬기 삶은 초록물을 꿀꺽꿀꺽 자식에게 먹이던 날에
그의 손은 부드러운 바람을 저어 물결 넘어 무지개를 빚어냈는데

그 물길 열고 모두 멀리 가는 동안
수초처럼 할머니는 휘어졌음을
강물 탁해지고 침침해진 방 어귀에서

자라등 닮은 손 뒤척인다

열었다 닫았다 안경알 너머
손금의 일기日氣 점치고 있다

계란 화법

톡톡,
온몸이 입구
문마다 노크
거기
안에
당신

대답이 없네
신선한 날것
드러내지 않아

차라리 죽어버린 닭의 울음 들려온다

끼적끼적 껍질처럼
찢어진 성대에서

더는 울리지 않아 떨림도 사라진

talk, talk
손가락으로 하는

우리 둘의 대화는 무정란이다

벽에도 귀가 있다

벽을 향해 돌진한다
벽과 길은 만날 때마다 각을 세운다

지도를 숨긴 손바닥 위에
가고자 하는 자와 막으려는 자
반으로 접어 다시 펼친 데칼코마니에는
원래의 색마저 뭉뚱그려져 있다

벽에도 분명 귀는 있다

모릅니다
사실이 아닙니다
외압은 없었습니다
벽 속 음습해진 공기가 후각신경을 마비시킬 때
콧부리에 박힌 위증은 신앙이 된다

누굴까, 숨기 좋은 벽을 만들어 세운 이는

길은 돌진하며 모서리를 만든다
흙이 쌓이고 풀이 자랄 때까지
벽을 비집고 끝내 벽을 무너뜨릴 뿌리가 자랄 때까지

반달*

반달의 축제

하이에나의 협박
오소리의 광기
도마뱀의 착란
불개미의 파괴

신은 (있다) 없다 (있다) 없다
태어나지 않은 아이들의 유물은 신전에서 살해당했다
전기톱에 새겨진 오자투성이 역사
석학의 흐려진 안경알 너머로 깨어져 나뒹굴고 있다

망치를 들어라!
불타는 시와 철학 날개 달린 황소
신에겐 이름이 있나요

초점이 맞지 않는 영상 안에서
목소리 다른 짐승들 울부짖는다
모두 목이 쉬어 분간 없이 찔러대는 허방으로
이라크 모술 새벽하늘엔 퍼렇게 멍든 달 걸리겠지
돌가루로 흩어지는 유물들은 퍼포먼스야
진짜는 암시장에서 몸값 걸치고 앉았다고!

폐허가 된 하트라의 떠도는 신이여
부디 역사하심이 필요한 밤이다

* 반달(Vandal) : 문화재 파괴자. 2015년 2월 26일 이슬람 무장단체 IS는 이라크 북부 모술박물관에 소장된 메소포타미아 문명의 석상들, 9세기경 아시리아의 날개 달린 황소(라마수(lamassu)) 석상 등 문화적 가치가 높은 다수의 석상을 '우상'이라 정의하고 마구 파괴하였으며, 파괴 영상을 전 세계에 공개했다.

송어 손질

칼을 든 여자는 무서울 것이 없다고
아니, 무서운 것 없어 손에 칼을 든
나는 시방 위험한 아내이다

대가리를 살릴 것이냐 버릴 것이냐
숨통은 오래전에 끊어졌으나
육신의 처분은 미정이다

칼을 갈며 생각하자
넓적한 접시를 엎어놓고
벌어질, 앞으로 벌릴 일들
외길을 가르며 짚어 보자

풍겨오는 비릿함은 클리셰
추리소설 속 탐정을 의심하지 않는 수준으로
턱 아래 연한 살로 칼끝을 밀어 넣자
꿰맨 자국 터지듯 벌어진 현장에 샅샅이 끌려 나오는 부레 난소 위 간 창자 따위
식별되지만 주목받지 못하는 장르들 버려지고

클라이맥스에서 칼은 눕는다
생의 신경줄을 통과하는 척수에 가까워질수록

로맨스와 스릴러는 지르는 대로 펼쳐진다

웃지 않는다 여자는 칼을 내려놓으며
용기란 두려움보다 소중한 것이 무엇인지 아는 것*

어둠을 헤집던 순간들만은 깨끗이 씻어서 건져 올린다

* 공지영, 『행복한 나의 집』에서 가져옴.

최면 칵테일

물 한 잔을 앞에 두어요
편하게 앉으세요 맑은 잔 앞에
상상해보아요 물 안으로 미끄러지는 하얀 액체
스포이트에서 떨어지는 흰 방울마다
손가락이 자라나
당신을

감싸 줍니다
당신은 잠을 자려, 자려 합니다

    우유를 마시는 상상만으로도 도움이 됩니다
    불투명한 액체의 침범을 환영하세요
    화이트 인 소로우, 당신에게 담길

    잠의 이름을 부르지 말아요
    돌아눕는 당신 안에 찰랑이는 잠결
    당신이 눈뜰 때까지 잠은
    당신 안에 갇힙니다
    갇힙니다
      갇
       히

이런, 잠을 가두어 놓고 보초를 서느라

잠들지 못하는 딱한 당신
다시, 여기 맑은 물 한 잔을 받으세요

크즈칼레시[*]

1
열여섯 살이 되면 딸은 죽을 거예요
마녀의 혀는 뱀처럼 유려했죠
바다 한복판에 돌로 지은 성 크즈칼레시
성에 갇힌 공주를 사랑하지 마세요
열여섯 살이 되면 죽을 거예요
죽음도 사명인가요
그녀를 찾아내요 거룩한 죽음은
뱀의 옷을 입고 와요
사과를 입에 물고

2
성벽 돌 틈으로 쏟아지는 햇살
빛의 파동을 헝클어놓는
검술사의 노련함으로
매일매일 공주는 가슴벽에 죽음의 부조를 새겨놓았다

싸워야 할 상대를 알고 있다면 오히려 쉬운 거예요
독 오른 여자의 빛나는 살의보다 강한 건 없답니다
독을 품은 그녀는 죽을까요?

3
　보세요, 뱀 가죽을 벗겨 만든 승리의 깃발! 보스포루스 해협을 건너오네요
　운명의 빗장이 풀리고 공주는 자유로워질 거예요

* 크즈칼레시(Kizkalesi) : '처녀의 성'이란 이름을 가진 터키 이스탄불의 성. 딸이 독뱀에 물려 죽을 것이란 예언을 들고 왕은 뱀이 살지 않는 바다 한가운데 성을 지어 딸을 그곳에 살게 했다. 하지만 16세 생일에 왕이 선물로 보낸 과일 바구니에 뱀이 숨어들어 결국 딸은 목숨을 잃었다는 전설이 있다.

part. 3

도라지꽃

물이 끓을 때
물방울 소리를 내듯
꽃이 필 때
꽃망울도 할 말이 있다네

그 말 참고 있어
입술 가득 부풀어 오른
손끝만 대어도 터져 나오려는
말풍선

도라지꽃 2

속이 비치네
딱 한 번 접은
엷은 편지봉투

다시 피는 꽃

비 개인 오후 맑아진 하늘 아래
다문다문 고인 웅덩이 물꽃

여기 작은 한 송이 저기, 또 저기 한 송이

시한부 눈물 자국, 눈이 부시다

만개한 암술 흥건하여
구름과 그늘 머뭇대는 걸음까지 모두 품는다

사랑이 가듯 비 그치면
웅덩이 고인 물도 다 마르겠지
서툴게 넘어진 눈먼 발목만 오래 문지르겠지

다시 사랑이 오면 차 오르기 위해
생채기 그 자리에 남겨 놓는다

불의 축제

가진 뼈 다 줄게 날개를 다오 소리를 다오
오체투지로 올린 매미의 기도
마닐라지紙 칼금 긋듯 태양이
장마 구름을 북 찢고 나와 듣는다

젖은 나무껍질 한 겹 마르는 찰나
와그르르 한꺼번에 쏟아붓는다
태어난 기쁨을 물음표 하나로 축약해 놓고
불의 축제에서는 진홍색 독배를 들고
마른 날개를 비벼 만든 불꽃
온 생애를 끌어모아 분신한다

하늘까지 닿도록 바락, 발악
쇳소리로 제창하는 열꽃 같은 울음은
다시는 돌아오지 못할 침묵을 위한 진혼가

봉인되기 전 단말마의 날갯짓
귀를 찢는 한낮의 고해성사는
나이테를 잃어버린 생명의 관성이다
늦은 봄 열 나흗날 어두운 땅굴에서
성충으로 탈바꿈하기 직전
마지막 숨을 고르는 매미 유충을 파내

꿈틀꿈틀 살아있을 때
튀겨내는 중국의 매미 튀김 요리

천둥소리 요란했던 지난밤의 비는
너희를 위한 위로였을까

등을 갈라 드디어 첫 숨을 쉬는 가혹한 우화羽化
잠잠했던 매미들이 다시 악을 쓴다
제 몸을 불사르기 시작한다
단말마의 비명에 잠시 숨죽이고 있던 태양이 움찔한다

나는 머리칼 흩날리는 수양버들 아래에서 노래를 기다린다
영혼을 흔들어 줄 수액 같은 노래를
가진 생 다 내주고 얻은 뜨거운 목청을.

싱코 데 마요[*]

  봄비는 밤새 난폭했다 지난 계절 혹독했으니 신나게 분풀이한 셈이다 어제 피어 있던 목련꽃부터 눈으로 좇는다 다행히 꽃잎이 환하다

  미국 전역에 멕시코의 대중음악 마리아치가 울려 퍼진다 오늘은 싱코 데 마요! 승리의 날, 5월 5일 축제의 날, 찬란했던 마야와 아즈텍 문명을 향해 비상이라도 하듯 홍관조紅冠鳥가 붉은 깃털을 떨며 클라리넷 4중주에 몸을 흔든다 에스파냐 식민지 살이 300년을 맵게 견디고 일어서니 이웃나라 미국이 난장질하며 빨아먹으려 했지 비사리춤 몰골로 **뼈**만 추스르려는데 그 **뼈**는 내가 줍노라! 나폴레옹 3세의 함대가 떴다 8천 프랑스의 무장군인에 맞서 멕시코의 다윗들은 무기 대신 자갈돌을 손에 쥐었다 마침내 푸에블라 벌판에 승리의 횃불이 피워 올랐다 인디오와 메스티소 백인 멕시코인 차별 없이 하나 되자 굳게 다짐했다 부침 많던 역사는 차츰 잊혀가고 이제 흥겹게 여기저기 도스에퀴스 맥주를 따는 날, 오늘은 멕시코인도 미국인도 미국에 사는 외국인들도 덩달아 축제다

  내 민족의 광복절도 오늘처럼 잔치를 열어 김치, 지짐이, 불고기 골고루 장만해놓고 집이 미어터지게 손님을 초대한다면, 일본 친구 하루미와 미치코도 불러 매콤하게 먹고 마

시며 말춤도 즐긴다면 더욱 좋겠다 좋겠다 좋겠다! 상상만으로도 신이 난다

 비 그치고 둥실 떠오른 달빛 아래, 목련나무 가지 하나가 응답이라도 하듯 가만가만 팔을 흔든다

* 싱코 데 마요(Cinco De Mayo) : 1862년 5월 5일 침공해온 프랑스를 이긴 멕시코의 푸에블라(Puebla) 전투 승전 기념일.

단추를 채우며

급하지 않은 기다림은
구멍 하나로 집중된다

"이제 바늘귀가 보이지 않는구나."
온돌마루에 배 깔고 책을 읽는 손녀에게
조심스레 바늘과 실 내밀던 할머니
그날 그 방에 안간힘 쓰며 들어오던 석양빛
한 줄로 반짝이던 단추에 맞춰
꿰어질 구멍이 있고, 낡은 실이 있었다

윗도리 한쪽의 구멍과 반대편의 단추들
멀지도 가깝지도 크지도 작지도 않게
구멍마다 황혼 빛이 가득가득 출렁였다
그 어두운 구멍 속으로 이어지는 가늘고 먼 길

침으로 축축해진 실 끝을 비비던 주름투성이 손가락
바늘구멍으로 꿰어 들어가지 못하고 주변만 머뭇거리던 실
그 실타래가 한없이 풀어진다
들판으로 강과 산으로 저 높은 하늘로

해가 한 뼘쯤 남은 서쪽 하늘 바라본다
할머니의 풀려나간 붉은 실이

칭칭 해를 감아 한순간에 떨어뜨린다
온 세상이 검붉은 색으로 뒤덮이기 시작한다

비명

비 내리는 아침, 사탕단풍나무길 어느 집 앞에 새들 한바탕 굿방구를 치고 있다. 반지하 방 볕 들이려고 땅을 파 창을 낸 공간. 그 속에 새끼 울새 한 마리 빠진 것.

쇠 창틀 위로 몰려든 새들의 비명, 찌찌찌찌 너나없이 목청껏 외쳐댄다. 제발 나와 보세요! 작은 생명을 구해주고 싶은 한순간, 그 집 초인종에 내 손이 멈칫거린다. 나 이처럼 치열하게 누군가를 구원하려 외친 적이 있었던가.

겁에 질린 아이처럼 날개를 떨고 있는 새끼 울새. 문득 어느 아침 세숫물에 실려 하수 구멍으로 떠내려간 할머니의 틀니 떠오른다. 헐거워진 할머니의 입술, 그때 난 아무것도 도와드리지 못했어. 음식을 씹지 못해 식사 때마다 이승도 저승이나 진배없다고 하셨지만 돈 백만 원이 무섭도록 크다고 하셨지만 다음에 벌어서 갚아드리겠으니 빚이라도 내서 다시 해 넣으시라고 호언장담할 배짱이 내겐 없었지.

낯선 동양 여자의 극성을 뜨악해할 것 같아 결국 초인종을 누르지 못한 채 물웅덩이를 피해 걸음을 옮겼다.

주룩주룩 쏟아지는 빗소리와 함께 '비명, 구원, 치열함…' 같은 단어가 귓속에서 윙윙대었다. 발길을 돌려 다시 찾아갔지만, 그 자리에 울새는 흔적도 없고 커다란 들쥐 한 마리가 포식을 만끽했다는 듯 천천히 숨을 내쉬고 있었다. 오늘 나는 다시 구원을 물에 흘려보내고 말았다.

저기압대 깔린 오후 하늘이 시퍼렇게 멍들어 있다.

바람이 분다

송전탑 전선 위로 바람 불자
날개들 법석이며 날아오른다
회색 하늘 그었던 검은 직선 무수한 점으로 흩어졌다

허공이 숨을 고르는 동안
고개 젖히고 바라보던 눈동자에도 어둑어둑 저녁이 내린다

바람 때문이었을까
머릿속 가득했던 말 순서를 잃고
자음과 모음 정렬하지 못한 채 발아래 구르는 것

버드나무 밑동에 기대 올려다보는
하늘엔 어느새 돌아온 새들
가지런한 한 줄로 태연히 걸려 있다

바람 불 때마다 훌훌 가벼워지는
뼛속까지 비워 내 바람을 읽어내는
새들의 초연함에 맥없음을……

아득해져 멈춰 서는 이국의 거리에서

가을밤 입김에 살갗 젖는다

가부좌 틀고 감은 눈으로 들여다보는 귓속
조곤조곤 따라오는 생각의 발자국

아, 다시 부는 바람

새의 데칼코마니

노란 점박이 검정 찌르레기 한 마리
오래오래 걸어와서는
그렇게 천년을 지나온 듯
서두르지 않고 내 주위를 한 바퀴 돕니다

홀로 헤매는 그림자 다 몰고 와서
발자국마다 가득가득 채워 넣습니다
외로움이 수도 없이 바닥에 찍힙니다

하늘 가까이에서
그림자 없이 살아가는 것이
새의 숙명

소나기 쏟아진 초여름
햇살이 반짝 얼굴을 내민 오후
새는 길게 늘어뜨린
제 그림자를 쪼기 시작합니다
그림자가 점점 짧아집니다
그림자를 버린 새들은
쉽게 풍화되지 않습니다

거대도시의 인공 연못에는

빛의 대칭점들이 흥건하고
선명하게 빛나는
새의 날개도 젖어 있습니다

새는 제 그림자를 날개 깊숙이 감추고
왔던 길을 되짚어가듯
석양을 향해 날아오릅니다

망각하지 않으려
쉬지 않고 걸어온 길에 찍어놓은
데칼코마니의 발자국

다시 마파람이 불어옵니다
물 위에서 오래 머뭇거리는 내 그림자도
동심원 속에서
같은 그림을 반복하고 있습니다

자정 뉴스

사라졌다 사라진 것이다
보았다는 사람도 껌 사라는 목소리를 들은 사람도
물론 기억하는 사람도 없는 할머니가
사라졌다

서울 지하철 2호선
자정으로 가는 나머지의 시간 동안
형광등 조명 아래 선명히 찍히는 잉여의 얼굴들

말하자면 불편한 '껌 사세요' 하는 말
빡빡하게 허리 묶고 걸어오는 말
 술에 잠긴 남녀와 피곤함에 취한 중년과 집에 들어가기 싫은 여학생을 내일로 집어삼키는 심야의 지하철 안, 목소리는 도달하지 않고 느리게 한 땀 한 땀 밤을 기우는
 당장 바닥에 눌어붙을 것 같아, 크기와 순서가 제멋대로인 인간 군상이 손바닥마다 빛을 반사하는 동공의 확장과 관음증의 시간으로…… 할머니, 할머니?

껌을 사라는 할머니가 계셨다
자일리톨 껌 묶음이 터진 줄 모르는지
녹색 핏물 떨구며 느린 점선의 행진을 하는 동안
누구도 선을 지우지 않고 넘지 않고 녹슨 시간만 비껴가는

차량에서 사람들은 타고 내렸다

 거리 사람들 다 들으시오! 이스턴마켓 지하철 입구에서 고성을 내지르는 저 남자는 《스트리트센스》 신문*을 파는 홈리스이다 '신문사세요' 직접화법을 뛰어넘는 직설화법 '당신을 고발합니다' 고소장 날리듯 신문을 판다 서울 지하철에서 실종된 '할머니를 찾습니다' 구인 광고 뿌리듯 신문을 판다 사람들은 자극적인 뉴스에만 관심을 갖는다

---

* 스트리트센스 신문(Street Sense Newspaper) : 노숙자가 판매를 맡는 워싱턴DC의 신문. 노숙인과 저소득 계층 지원에 관한 정보가 주로 실리며 빈민층과 정의 구현에 대한 사회적 관심을 유도한다.

풍경화가 있는 구도

이사 간 이웃이 버리고 간 풍경화 한 점
목련나무 아래 비를 맞고 있다

바다 가운데 혼자인 섬처럼
뎅그러니 그 풍경만이 도드라져 보인다

그림 속은 초원의 여름
집 한 채, 나무 한 그루, 강물 한 줄기
빛의 삼각 구도에 정돈된 순한 얼굴인데
어느 구불구불한 골목을 만나 길을 잃었을까

쓰고 지우기를 반복하는 내 글의 춤사위
엇비슷한 색이지만 하루하루 덧칠하며
같은 그림을 그리고 또 그렸을 어느 화가의
집념의 구도 서린 듯해서

꿈길 더듬어 나를 찾아온 저 다정한 풍경
액자 속에서 꿈틀대는 순하고 애틋한

목련 나무 아래 비에 젖어가는 섬 하나
우산을 받쳐 내 방으로 데려왔다

[   ]

개구리 으깨졌다
차도 위에 멈췄다

도약을 하던 중이었을까
오그린 뒷다리와 뻗은 앞다리
배추밭 지나 전기나무 너머 논둑까지 갔으면 알을 낳았을 텐데

타이어 무늬 수의로 입고 누워있네
경칩을 사흘 앞둔 어제

오늘 개구리 한 마리의 죽음은
내일 개구리 만 마리의 울음인걸

만 마리의 상실만큼 여름은 조용하겠구나

별을 품다

겨울 모퉁이 뜨겁다
12월의 마지막 태양
밤을 삼킨 강물 위로
한 사람 노 저어 간다

아침의 고요는
가면일 뿐
카누를 뒤집어
품고 싶어

품을수록 아픈 질문
눈 뜰수록 깊은 어둠
전쟁과 폭력, 역사적인 죽음들

배는 사방을 알지만
물은 한 쪽만을 강요해
물도 배를 타고 싶거든

물길 휘어지는 언저리에선
선녀처럼 어린 별들 울고 있지
얼지 않는 강에는 숨을 곳이 없어

여린 빛 소중히 걷어 안는다
지구에 떨어진 눈물방울들
너무 오래 아프지 않길

필요한 건 오직
한 알의 희망 한 줌의 사랑

우리도 별을 품을 수 있어

아일란* 드림

모두가 신을 믿는 그곳에선
믿을 수 없었죠
신은 있단 말

'편히 쉬렴, 아일란'
수많은 사람들의 기도 소리
꿈인 듯 내 이름 부르네요

슬퍼하고 화내고 기도하고 있어요
비참에 맞서는 눈과 입술에 닿고 싶어요

이렇게 작아 보이는 지구 안에
그렇게 먼 길이 있었다니

단단한 무릎 위에 누워있어요
잠든 베갯머리엔 바다를 건넌 안도의 눈물
새집에서 나는 이국의 냄새에 설레는 형과
그리워하지 않기로 한 고향을 그리는 엄마의 부엌이 있어요

나는 네 살이 될 수 없지만
내 몸은 살아있는 꽃잎 부드러운 곡선
훨씬 더 먼 곳까지 배달하는 따뜻한 편지예요

가지 못할 곳 없는 사랑의 마음으로

'죽지 말아요, 안녕'

* 2015년 9월 그리스로 향하던 중 난파되어 터키 보드룸 해안에서 시신으로 발견된 시리아 난민 3살 꼬마, 아일란 쿠르디(Alan Kurdi).

마술피리

태풍 지난 뒤 대밭 걷다가
진흙에 뒹구는 대나무 줄기 얻었다
깎고 다듬어 대피리로 만들어야지,
손바닥 퉁, 퉁 치며 주워 왔다

낯선 집 뒤란에서 밤과 낮 곱씹으며 무엇에 골몰했을까
거친 바람에 고개 처박혔던 그 밤
지키지 못한 여린 댓잎들과
바닥을 찍어본 감각
고스란히 말려 마디마다 넣어 두었나

후퇴를 거듭하던 봄이 끝내 서릿발로 돌아서던 밤
머나먼 대륙에 포탄 터지는 소리 울렸던가
얕은 바람에도 자주 앓는 소리를 내던 것이
내림받는 자의 준비였던 게야

대에 음악이 들었다
탱크가 춤을 추고 기관총이 축포를 쏘아대는
신들린 채 음악을 발사한다

전쟁을 뒤집으려 살아난 피리라면
공명하는 슬픔이라면

멀리서 죽음을 보고 온 바람이 대 속에 들어 오래 들썩이는 것 같았다

어둠이 진동이다
혼자선 음악이지 못했던 대피리 한 줄기
세상의 바람을 거스르는 힘으로 어둠과 싸우고 있다

워싱턴 텃밭

한 달 동안 한국에 다녀와서 마주하는
워싱턴의 내 텃밭
일제히 와그르르 웃음 터트리며 환호한다
무성하게 우거진 텃밭이 낯설다
텃밭의 채소들만이 이 도시에 남아
천둥지기 농사를 지었구나
끄떡없이 잘살고 있었구나

주인이 다 팽개치고 이 도시를 떠나 있는 동안
소나기에게 동냥젖 얻어먹고
지나가는 구름이 지글거리는 땡볕을 덮어주고
바람은 종종 뺨에 흐르는 땀을 닦아 주었으리
아하, 이것이 바로 여름 농사법
햇살과 비와 바람의 손길이 경작해 주는

일시에 터뜨리는 매미 울음소리에
상추, 깻잎, 고추, 오이, 가지, 호박, 한국 채소들이
쿵짝쿵짝 트로트로 박자를 맞춘다
호박넝쿨과 오이 넝쿨 하늘 향해 기어오르기 시작한다
삭막한 시멘트 건물 속 녹색 진지를 구축하고
도시의 아침을 깨우고
잠든 세포를 흔들어 깨운다

내 텃밭의 자유, 내 영혼의 의지는 여기서부터 시작이다

part. 4

잠잘 때

아기는 메기처럼
입을 뻐끔거린다
종일 옹알거리던 말 몽우리 맺혔을까
꽃잎인 듯 활짝 피어 꿈결 향기로울까

9월에 태어난 아기를 위해
여름 매미는 하루를 더 살았고
가을 잠자리는 서둘러 날아와
물 위 날며 그림자 연극 보여준단다

햇살 덮고 잠든 바람
네가 오던 길처럼 강물 흘렀지
새끼 메길 보듬고 잠이 들었지

우리 모두 川이 되어 잠들었지*

* 부부가 자식 하나를 가운데 두고 자는 모양을 일컫는 '내 천(川) 자로 자다(川の字になって寝る).'라는 일본어 표현이다.

보라

한지 위로 긋는 붓 선입니다
피어나는 청포이고요
어둠의 넓이를 가늠할까요
북받쳐 걷는 이의 혼잣말입니다

번지는 모든 곳에 보라는 열리고
경계의 너머로 보라는 빛나요
인간의 시계視界를 비웃으며 수국 안에서
나비는 겹겹이 나부낍니다

사라지는 건 한 사람의 영롱한 보라

맨드라미가 핀 모양입니다
나팔꽃 무궁화 철 이른 코스모스가 흔들리는 하늘 아래
마주하는 눈망울이 아득합니다

연인의 두개골 아래 꽃이 피었다고 나비가 들었다고
의사가 말했지요

제비꽃 그늘 드리운 당신의 뇌
꽃말을 찾아보고 알고야 말아요
온통 보라를 내어준 후에

해 지는 쪽으로 온몸 저물어 온점의 보라에 물들고 있는

멀리서 라일락 그윽합니다
캄캄한 감자의 독일랑 도려내고 피고 지고 또 피는 보라를
한없이 보라를 마중합니다

빨강은 거짓말

사과를 좋아하지 않아

깨어지는 사과
멍들고 갈색으로 변하는 사과
베어 물면 사사각 풀숲 질러가는 뱀 소리 같아서
새빨간 것 입에 물고 종아리에 휘드르는 기분 같아서

나에게 거짓말을 했거든 어떤 사과는

접시 위에 올려 두고 잠시를 생각하지
잠시가 반복되는 동안 사과는 익어가고
심장을 닮아가는 건 사과가 아니겠지
도착하지 않아 기다리지 않는다

나는 자주 사과하는 사람
사과의 껍질을 길게 길게 깎는 사람
미워하지 않기 위해 나는 사과를 안 좋아해요, 말하며 웃는 사람*

알 수 없다
두고두고 혼자 썩어가는
사과를 오래오래 들여다봐도

어떤 색깔이 거짓말을 지어내는지

치명적으로 사과를 깨물고 말지

화살이 명중하는 사과 한 알을
땅으로 떨어지는 사과 한 알을

* 시시알콜 팟캐스트 진행자 '풍문'님의 말 변용.

누가 저녁을 불러냈나요?

저녁은 벌써 가고 없군요
신던 양말을 소파 밑에 벗어 놓고
기름 낀 하루를 구정물에 불려 놓은 채
어질러진 식탁 위로 허물어진 저녁은
물의 얼룩만 남기고 갔네요

온종일 저녁 향해 저물었는데
캄캄해진 두 손으로 투항하듯 보듬은
어스름을, 백지 위로 몰려드는 우두커니는
흘려 써 주길 바라요

가스레인지의 파란 불꽃에 정신이 팔려서예요
뜨겁게 일어나 휘어지는 문장을 언뜻 읽어낼 듯도 했는데
냄비 뚜껑을 밀고 올라온 하얀 수증기로 푹푹 마음 자욱하고요
부르는 소리에 돌아보지만 내 이름을 부른 사람은 없어요

차를 마신 후 잔에 남는 찻물 자국으로 미래를 읽는 점쟁이가 있어요
어제 집어삼킨 시간을 오늘 토해낸다 해도 쏟아지는 문장은 새것이 아닌데

Where ⋯　am ⋯　　i ⋯

식탁 위엔 또 한 번 물컵이 엎어지고
손가락으로 긋는 영속의 국경선
말갛게 저녁은 가고 없고요

낯설기로 작정한 사람이 되어 물의 질주를 지켜봅니다

키친드링커

각 잡아 파전을 펼치면 몬드리안을 부치고
소 많은 부추전을 헤쳐 지지면 폴락의 추상화를 튀겨낸다 여자는

끓는 기름 앞으로 한 발짝 다가서며
올리브유 병은 예뻐, 술병 닮은 기름병의 뒤를 더듬는 사람

아무것도 들려있지 않을 때 손은
공그르듯 소주 한 잔 쥐어 든 자세라서, 손 제스처가 많아지는 대화에선 취하는 듯 말을 흘린다 *I mean*……

취한 사람 말 믿어도 되요, 내 말은……

피 때문인데 피는 못 속인다고
눈물마저 색소 빠진 피란 사실 아느냐고
알코올중독자 가족 있는 사람 말

어떤 대답은 답하지 않으므로 거짓말이 된다
기울어지며 투명한 속 비어가는 동안
파티는 즐겁고 허무하면 그만

한밤에 창 열어 큰 숨 들이켜면

먼 부엌 한편 소주 한 잔 따르고 있을 한국 여자와 몸 바꿀 수 있을 것 같아

비틀비틀 맨정신으로 바람을 맞는다

손등을 간질이는 사이

어제 웬수야, 등 돌리고 자던 남자가
뜨거운 밥 한 공기 내 앞에 놓아준다
안개처럼 뿌예지는 밥 앞에 뒤척이며 일어난 숟가락이 주춤한다

한술 입에 넣고 입술 다무는데
껄끄러웠던 혀 위에 내려앉는 온기라니

씹을수록 무너지며 물러나는 밥알의 향
마주 앉은 얼굴의 수북한 응시라니

씩씩거리던 지난밤 어둠 속에 말라갔을 밥풀떼기를 생각한다

떨어지지 않는다
너무 많은 밥을 같이 먹었다
이제 한국에서 쌀농사는 그만 지어야 칭찬받는대
반찬처럼 식구 걱정을 나눠 먹는다

만리장성 벽돌도 밥풀로 이어 붙여서 이천 년 끄떡없다는 거 알아?

밥 한술 뜨는 사이
수저가 자그랑 소리를 내고
어느 골목 빈 그릇에 동전 한 닢 들어간 듯
아침의 목덜미가 힘차게 붉다

허공 향해 발 딛는

인적 드문 계단에 앉아 십 년 전 내게 보낸 편지 읽는다
꿈의 노트 한 장 찢어 봉투 안에 접어 두었던
글씨마저 낯선 연필 자국
'시인' 두 글자엔 그늘이 짙다

아무려면 어때, 혼잣말하고
아무래도 괜찮아, 주억이는 말
바지에 묻은 흙 자리 좀처럼 털리지 않아
몇 번 더 토닥이며 돌아온 집

저녁에 먹을 채소를 씻고 칼질하고 고기를 익힌다
붉은 살점이 어두워지면 부엌 한 켠
구석을 몰아내고 오도카니
삐걱거리며 의자 홀로 앉는다

한숨은 희망보다 온도가 낮아
오래 두면 바닥으로 흥건해진다

그중에 제일은 사랑이라, 꿈이 말했다
문 앞에 계단을 세워둘게

다시 펴보는 종이 구겨진 자리마다

희미해진 글자 어정쩡 다리를 벌리고
반보쯤 들어 올린 꿈 허공에 걸려 있다

안아주는 팔

요즘은 주로 양변기를 안습니다
참 하얗고 동그란 테두리에게
무릎 꿇어 깊이를 가늠해 보며

안아줄 때가 찐 진심인 거 알죠?

작고 무른 아기를, 몽고점 엉덩이가 환하게 날쌔던 아이
불덩이로 달아올라 녹아내릴 것 같은 아이를 깍지 껴안고 뛴 적도 있습니다
손끝에서 심장까지 전력 질주하는
안아주는 팔은
기도하는 자세의 다름 아닌걸요

아이들은 둥글게 잘도 자라서
너무 빨리 굴러가는 아이의 말은 새로 배운 외국어보다 멀리 갑니다
게임 속 새로 지은 정착지에서 모어母語는 모호한 외계어일 뿐이라고

또렷하게 날 세워 날아드는 말들에
오므린 채 팔은 찔리고 말아요
새는 줄도 모르고 웃고 있는, 구멍 난 그림말* 찍고 말아요

조용한 집 안을 쓸고 닦을 때
가 닿은 적 없어 흩어지고만 유목의 문장들
이리 온, 엄마아…… 하는 말들도 새것인 채 낡아 갑니다

쿵쾅쿵쾅, 사냥에 나선 소년 떼는 본능으로 소통합니다
고무장갑 벗으며 풍덩 일어나 냉장고까지 경주합니다

오늘도 빈틈없이 안아주는 팔은
마르지 않는 소沼를 품었습니다

* 이모티콘의 순화어.

지난여름의 먼지
— 그리운 善雄에게

선풍기를 꺼냈다
덮개를 벗기자 닦지 않고 넣어두었던 지난여름이
미세한 솜털을 떨며 선풍기 날개 끝에서 깨어난다

눈을 떼지 못하고 바라보게 된다
먼지는 다른 극에서 날아든 시선 같아서
몸을 벗어난 영혼의 풍화일까 봐

중환자실에서 오빠의 목에 꽂힌 튜브에선
바람의 날개 치는 소리가 났다
이따금 파닥거리다가
날 수 없는 걸 알아버린 듯 얌전히 날개를 접던

오래된 선풍기 앞에 나란히 앉아 우리 둘
속옷 바람으로 입 벌리고 아아아아 바람 먹던 날
앙상한 날갯죽지 얹은 오빠의 등에
태극기가 바람에 펄럭입니다 노래하던 날

얼마나 오랫동안
덮개 안에서 먼지는
지난여름의 그날에 웅크리고 있었는지
보이지 않을 땐 없는 듯 잊히기도 하던데

또다시 여름의 스위치가 켜지고
이따금 바람도 불겠지요

문득 떠오르는 얼굴 지날 땐 여름 감기를 앓아도 좋겠습니다

마지막 문병

조금 더 보시고 알려주세요, 간호사가 자리를 비켜주며 말했다
덩굴식물처럼 남자의 손등에서 자라나 낭창이던 링거 줄을 정돈하며
조금 더 보시고,
얼떨결에 조금 더 그를 본다

아직 살아있는 사람처럼 보이는 그를
물끄러미 조금 더 보고 나는 간호사를 불러야 한다
그만 봐도 되니 데리고 가라는 말을 할 수 있을 때까지

내일 다시 문병해 오면 기다리고 있을 것 같은데
죽었다고 말해주지 않았으면 죽지 않은 그를 보고 집에 돌아갔을 텐데

부처와 예수를 모두 믿었고 성당에도 갔지만
사랑하던 여자만은 받아주지 않은 사람
꿈에서만 그녀 닮은 아이를 안고 오래오래 행복한 사람

호흡 보조기를 떼어간다
목을 찢어 숨을 몰아쉬던 자리가 막 볼일을 본 계집아이의 음순처럼 오므라졌다

거기 따뜻한 심장 한 줄기 모락모락 오를 듯하여
덥석 그의 손을 붙잡아도 보는데

열 손가락에 부종을 앓았던 손은 펴지지 않고 내가 흔드는 대로 내버려둔다
하는 수 없이 나는 밭아지는 숨으로 사랑해, 속삭인다 그 말 밖에
할 수 없어 조금 더 그를 보았다

● 작품해설

이 세계의 온갖 아픔을 품에 안고서 시를

이승하(시인, 중앙대 교수)

●정혜선 시집 『이렇게 작아 보이는 지구 안에 그렇게 먼 길이 있었다니』 해설

이 세계의 온갖 아픔을 품에 안고서 시를

이승하(시인, 중앙대 교수)

재미교포 시인의 첫 시집이라서 해설문 청탁을 받고 마음의 짐이 무거워 한 달 동안 원고를 펼쳐보지 못했다. 시세계를 제대로 짚어야 한다는 부담감이 엄습하였다. 시인의 이력을 먼저 살펴보았다. 부산대학교에서 일어일문학과 국제학을 복수 전공했고, 졸업 후 약 8년 동안 아시아나항공에서 근무했다. 2012년 미국 외교관과 결혼했고, 2013년 미국 워싱턴 D.C.로 이주하기 전 일본 문학 번역가 수련을 했다.

정혜선 시인은 유례가 드물 정도로 아주 특이한 등단 과정을 거친다. 2013년, 일본의 시전문지인 《우츄시진宇宙詩人》에 발표한 「메두사호의 뗏목」이 처음 활자화된 시작품이었다. 이듬해에 미국 동부에 있는 워싱턴문인회에서 내는 《워

싱턴문학》이 주는 신인상을 받았다. 2015년 계간 《포엠포엠》의 신인상을 받았으니 등단한 지도 어언 10년이 되었다. 2023년에는 제2회 '정지용 해외문학상'을 받았다. 심사위원이 권혁웅·문태준·이형권이었는데 심사평이 이랬다.

첫 시 「그믐」에서부터 단번에 눈길을 사로잡는다. 동행同行이란 게 서로를 읽는 일임을 결구가 매력적으로 보여준다. 삶의 행보와 책의 행간과 시의 행과 연이 결구에서 만나고 있다. 「전봇대」에서는 의인의 결과가 우뚝하고 「화장지의 말」에서는 삶에 대한 관조가 유머를 타고 흐르며 「용기」에서는 동음이의어가 반짝이고 있다. 「도모코를 위하여」가 품은 묵중한 사회의식, 「새의 데칼코마니」가 포착한 선명한 이미지도 주목할 만하다. 시편마다 서로 다른 작시법을 소개한다고 할 만큼 시행들이 자유롭고 자재하다.

첫 시집의 원고를 정리하면서 앞쪽에 이들 작품을 배치했으므로 수상작들부터 먼저 논의해보기로 한다.

 은회색 머리칼 단정히 빗어 넘긴 노인을
 다리 절룩거리며 늙은 개가 뒤따른다
 이우는 달빛 호위하며 황색 꼬리가 간다

 느리지만
 먼저 가는 걸음이

뒤에 오는 걸음을 기다려 주기도 하고
　　　나란히, 앞뒤로, 서로의 몸짓 읽어가며

　　　함께 간다

　　　읽고 또 읽어
　　　손때 묻은 책은 개의 귀를 닮아간다지
　　　동행의 언어로 엮은 삶의 궤적 한 권

　　　개의 귀는 쉬어가며 읽으려고
　　　접어둔 책 모서리를 닮았구나

　　　　　　　　　　　　　　　　　—「그믐」 전문

　사위가 캄캄한 그믐날 밤에 노인과 개가 함께 산책을 나간 모양이다. 노인은 독서광인 듯 "읽고 또 읽어/ 손때 묻은 책"을 갖고 있고 "개의 귀는 쉬어가며 읽으려고/ 접어둔 책 모서리"를 닮았다고 하니 사람과 개 사이가 사람과 사람 사이보다 가깝다. 다 같이 늙었고, 서로를 벗 삼아 살아가는 모습이 아련한 슬픔을 전해준다. "동행이란 서로를 읽는 일"이라는 심사위원의 말에 해설자도 십분 동의한다.

　　　한 아름 둘레 안에 갇힌 뒤론 수직만 생각했다
　　　전력을 다해 서 있는 일
　　　개들이 갈겨주는 의리의 오줌을 밑거름으로
　　　도시의 아우성이 밀어닥치는 복판에서

후퇴하지 않는 전사로 사는 일

피 흘릴 줄 모르는 나는
갈증에 겨운 태양이 머리꼭지를 눌러도
어퍼컷으로 덤프트럭이 아래턱을 후려쳐도
싱싱한 자동차 매연을 휘감아 곧추 수직으로 들이박았다
들이박는 일만 생각했다

그 밤 느닷없는 포옹에 사로잡히기 전까지는

팽팽해진 밤공기에 전신줄이 곤두서는 고통 속
누군가 차가운 내 몸에 머리를 놓고 괜찮다, 괜찮다 기도문을 읊어 주었다
무너지고 성내고 곤죽을 쏟아내는 사람들이 차례차례 내 발에 입 맞추었다
오렌지 환타가 흘러 개미행렬이 지나던 자리가 성지순례의 길이 되었다

밤의 무늬가 선명하여 나는 절로 전신傳神이었다

─「전봇대」전문

전봇대라는 사물 대상은 시인이 보건대 외로움의 표상이다. 그 자리를 떠날 수 없다. 숲이나 들판의 나무도 한자리에서 굳건하게 평생을 산다. 나무에는 새들이 와서 둥지를 틀기도 하고 벌레들이 찾아와 깃들기도 한다. 나무는 스스로

싹을 틔우고 잎을 피워낸다. 바람과 싸우고 호흡을 한다. 그러나 전봇대는 전력을 다해 서 있을 뿐이고 "개들이 갈겨주는 의리의 오줌을 밑거름으로/ 도시의 아우성이 밀어닥치는 복판에서/ 후퇴하지 않는 전사로 살"아갈 따름이다. 전봇대는 그저 "어퍼컷으로 덤프트럭이 아래턱을 후려쳐도/ 싱싱한 자동차 매연을 휘감아 곧추/ 수직으로 들이박는" 일만 생각한다. 전신줄은 전기를 보내고 통신을 하는 데 없으면 안 될 현대문명의 대표주자이다. 그런데 이 시의 극적인 전환은 "누군가 차가운 내 몸에 머리를 놓고 괜찮다, 괜찮다 기도문을 읊어 주었다"라는 시행에 이르렀을 때 이루어진다. 취객인지 모르겠지만 전봇대에 머리를 기대고 "괜찮다, 괜찮다"고 기도문을 읊어 주었던 것이다. 전봇대가 사람들에게 의지처가 되어 "무너지고 성내고 곤죽을 쏟아내는 사람들이 차례차례 내 발에 입을 맞추었"다. 오렌지 환타가 흘러내리자 개미의 행렬이 전봇대로 이어져 성지순례의 길이 된다. "밤의 무늬가 선명하여 나는 절로 전신(傳神)이었다"는 결구가 의미심장하다. 이때 '전신'이란 초상화에서, 그려진 사람의 얼과 마음을 느끼도록 그리는 일이다. 시는 아주 독창적이다. 누구의 영향도 받지 않았다는 것이 문학의 세계에서는 장점이 되기도 하는 것이다.

    한산섬 달은 밝았을 거야
    긴 허리끈 풀고 앉아 깊은 시름할 적에
    문틈에 불어오는 여린 바람에도 파르르 함께 떨던 나

맨몸에 감은 흰옷 풀어 당신의 비밀 훔쳐주었지

말해주고 싶었어
당신 혼자 그리 끙끙댈 일 아닐 거라고
세상 등지고 문 걸어 잠그는 일에 대단한 용기가 필요하지도 않다는 걸
화장지가 풀어지고 응시의 봉합선이 뜯어지는 순간 당신은 잊겠지만 말이야

쓰고 구린 일상의 밀도 속에 나를 낭비하는 곳
공중화장실 변기 옆에 붙어 들락거리는 엉덩이에 맞장구치며 사는데
인간들이 말하는 웬만한 맛 나도 맛보지 않았겠어?

소요에서 적막을 길어 올리고
울음에서 울음 이후를 분리해 내는
들어서는 일과 나아가는 일 사이의 일주문에
생과 죽음이 걸리기도 한다는 걸

검은 비닐봉지에 든 핏덩이의 수의壽衣가 되어준 적 있어
눈물 한 방울에도 찢어지는 내가 짧은 생을
담은 한 벌의 옷이 된 적 있어

남몰래 네가 아름다운 사람이기를 바랐어
적막이 머무는 자리 오래 돌아보았기를

하루에 수백 번 문은 닫히지만 묵언의 한 칸은 영원하지 않아

―「화장지의 말」 전문

　이순신 장군이 쓴 시를 패러디하면서 시작된다. 우리가 하루에 화장지를 몇 미터 쓰는지는 알 수 없지만 용변을 볼 때 필요한 두루마리 화장지와 뽑아서 쓰는 티슈를 합치면 약 10회에 이를 것이다. 길이로는 수십 미터에 이를 것이다. 시인은 일상 생활용품 가운데서도 가장 아무렇지 않게 취급하는 화장지에게 인격을 부여하여, 즉 의인화를 시켜 시를 끌고 간다. 화장지가 독백인 양 내뱉는 말 중에서 해설자의 마음에 강하게 펀치를 먹인 것은 제5연이다. '핏덩이'는 낙태 수술을 하여 인간에 의해 버림받은 생명체를 뜻하는 것이라 여겨진다. "검은 비닐봉지에 든 핏덩이의 수의壽衣가 되어준 적 있어"란 구절은 화장지로 둘둘 만 신생아의 시체를 곧바로 떠올리게 한다. 화장지가 수의의 역할을 했던 것이다. "눈물 한 방울에도 찢어지는 내"가 "짧은 생을 담은/ 한 벌의 옷이 된 적"이 있다고 고백하고 있다. 화장지가 본 인간의 삶이란 깊은 시름을 하게 만든다. 공중화장실 변기 옆에 있는 화장지는 인간세상을 보면서 남몰래 네가 아름다운 사람이기를 바랐다고 한다. 적막이 머물었던 그 자리를 오래 돌아보는 사람은 없을 것이다. 우리가 타인을 존중하지 않고 물건을 아낄 줄 모른다는 것을 화장지의 입을 빌려 시인이 말해주는 작품이다. 아래는 동음이의어가 반짝인다는 평을 받은 「용기」다.

나고 샘솟으며 솟아난다 가상하나 근거 없는 때도 많다 나에게 없으면 남에게 내라 우기며 믿는 구석이 꼭 있는 건 아닌데 허세하고는 질감이 달라, 끓는 용암처럼은 안 되고 잘 마른 장작이 타오르는 온도일 때 오래오래 이것은 있다

없다, 없거나 약하거나 잃어 도무지 없다 세상의 밀물에 부유하는 빈 깡통처럼 이것은 때로 허기의 모습이다 인간이란 텅 빈 뱃속 크기보다 일 밀리도 크지 않다는 생각을 한다, 정말로 없어졌나, 주먹에 힘을 주니 아직은 살았구나, 한숨으로 새어 나온다, 이것은 작다 아주 혹은 없다 정말 구해야 한다 되찾거나 북돋을 방법을

만물천국 신주쿠의 편의점에는 없는 게 없다는데, 있을까 내게 필요한 이것, 진열대 사이를 걸어와 묻는다 '저 혹시… 용기… 있나요?', '하이, 아리마쓰, 네, 있습니다. *아나따노 나카니, 당신 안에.*'* 있다 있다니! 내 안에, 내 안에!

이것은 때로 느껴지지 않는다 남의 눈에 더 잘 보일 때도 있다
그러나 이것은 내 것, 나고 샘솟으며 넘친다!

—「용기」 전문

이 시에서 용기는 勇氣와 用器 둘 다 쓸 수 있다. 편의점에 가서 用器가 아닌 勇氣를 살 수 있다고 한다. 勇氣는 관념어라고 할 수 있는데 이 시에서는 사물로 취급된다. '용기

를 내라'는 격려와 '용기를 내야지'라는 다짐을 한꺼번에 하고 있는 이 시도 시인의 개성이 십분 돋보이고 무척 실험적이다. 어디선가 본 듯한 시가 아니라 어디서도 본 적이 없는 시다. 자, 이제 환경문제를 거론한 시를 보자. 시를 읽기 전에 사진을 한 장 먼저 보자. 아니, 그 전에 이 시의 각주를 먼저 읽어보자.

미국의 사진작가 유진 스미스(W. Eugene Smith)가 촬영한 사진 작품 '도모코와 목욕하는 어머니(Tomoko and Mother in the Bath)'에서. 미나마타병을 앓고 있는 우에무라 도모코를 재래식 목조 욕실에서 안고 목욕시키는 엄마의 모습.

일본의 구마모토현(熊本県) 미나마타시(水俣市)에 있는 아세트알데히드를 생산하는 공장에서는 수은 성분의 촉매를 사용했다. 여기서 나온 폐수에는 메틸수은이 함유돼 있었는

데, 이것이 충분한 정화과정을 거치지 않은 채 바다에 버려졌다. 다년간 그 바다에서 난 해산물을 먹은 주부의 몸에 축적된 수은이 출산한 아이의 몸에 고스란히 들어갔다. 온갖 통증에 시달리던 주부는 아기 출산 이후 놀랍게도 통증이 사라졌는데 아기 우에무라 도모코가 기형으로 태어났을 뿐 아니라 몸이 아파서 밤낮으로 우는 것이었다. 유진 스미스가 1972년에 찍은 사진을 보면 엄마가 아기를 목욕시키는 장면인데 아이의 희뜩거리는 눈동자, 여기저기 튀어나온 뼈마디, 나뭇가지처럼 구부러진 손가락이 미나마타병의 증세임을 한눈에 알아보게 한다. 일본에 간 사진작가 유진 스미스가 찍은 이 한 장의 사진은 전 세계로 전파되었고, 바다 오염의 심각성을 널리 알리는 계기가 되었다. 심한 장애를 갖고 태어난 도모코는 스물한 살에 죽었는데 이 사진 한 장은 우리가 얼마나 심한 공해에 노출되어 있는가를 한눈에 알게 한다. 그 바다에서 난 해산물, 잡은 물고기를 도모코의 어머니만 먹은 게 아니다. 마을 사람들 전체가 늘 먹었고, 그들의 몸에 축적된 수은은 본인의 몸을 병들게 했고 2세의 몸 안으로도 흘러 들어가 고통을 주었던 것이다. 비슷한 시기에 같은 지역 태어난 아이들이 밥 먹기, 앉기, 서기 등 기본적 움직임도 제대로 할 수 없는 증상으로 속속 병원에 입원을 하게 되었고, 피해자 가족들의 집요한 노력으로 후에 짓소 회사가 방출한 폐수를 병의 원인으로 밝혀낼 수 있었던 것이다. 체르노빌 원전사고, 후쿠시마 원전사고의 피해 정도를 두 나라 다 쉬쉬하고 있는데 전 세계 모든 원전이 다 안전할까?

    나는 몇 살이에요?
    도모코는 물었을 것 같다
    자랄수록 구부러지는 불구의 몸을
    어미의 속살에 기대며

    열여섯 살 딸의 몸
    껴안아 씻기는 동안
    물소리에 섞이는 손길은 성호를 긋는 듯
    신의 암호를 해독하려는 듯

    엄마는 여래如來 같은 표정
    산호초가 썩고 물고기 몸통이 비틀어질 때도
    순진한 바닷사람들 얼굴 그러했다고
    바다를 머리에 이고 잠들던 사람들

    생선 살을 발라 먹던 천진한 여인이 기형아를 낳던 밤
    수은중독으로 사지를 떨며 물 한 모금 남의 도움 없이 마시
지 못하는
    육신은 죽음의 출소일만을 기다리는 감옥이 되었다

    볼티모어 해안의 정박한 잠수함 옆에 섰다
    방파제에 몰려드는 빈 콜라병과 샌드위치 봉지

기름에 튀긴 치토스 과자가 잘린 손가락처럼 둥둥 떠다닌다

미나마타에서 보낸 메시지는 수취인을 잃었나?
스물한 살에 죽은 도모코가 오늘의 우리에게 보내는 신호
미나마타 심해에서 잠망경 드리우고 간절한 마음으로 지켜
보고 있는데

—「도모코를 위하여」 전문

이 시를 쓴 공간은 일본이 아니다. 볼티모어 해변가에 정박한 잠수함 옆에 섰다. "방파제에 몰려드는 빈 콜라병과 샌드위치 봉지/ 기름에 튀긴 치토스 과자가 잘린 손가락처럼 둥둥 떠다닌다"고 했으니 세월이 50년이 흘렀는데 바다가 정화되기는커녕 더욱더 오염되었다. 그 옛날, "산호초가 썩고 물고기 몸통이 비틀어질 때도" 우리는 무지하여 바다 오염을 방치했는데 지금 우리는 더 많은 비닐과 플라스틱, 스티로폴 박스를 쓰고 있다. 유조선의 기름유출 사고도 줄기차게 일어나고 있다. 이 시는 생태환경문제를 다룬 그 어떤 시보다 호소력이 있다. 「미나마타 만에서」 같은 작품도 공해의 참상을 세계에 알리자는 의도에서 쓴 것으로, 주제의식이 뚜렷하다.

이제 "「새의 데칼코마니」가 포착한 선명한 이미지"를 살펴보자.

노란 점박이 검정 찌르레기 한 마리

오래오래 걸어와서는
그렇게 천년을 지나온 듯
서두르지 않고 내 주위를 한 바퀴 돕니다

홀로 헤매는 그림자 다 몰고 와서
발자국마다 가득가득 채워 넣습니다
외로움이 수도 없이 바닥에 찍힙니다

하늘 가까이에서
그림자 없이 살아가는 것이
새의 숙명

소나기 쏟아진 초여름
햇살이 반짝 얼굴을 내민 오후
새는 길게 늘어뜨린
제 그림자를 쪼기 시작합니다
그림자가 점점 짧아집니다
그림자를 버린 새들은
쉽게 풍화되지 않습니다

거대도시의 인공 연못에는
빛의 대칭점들이 흥건하고
선명하게 빛나는
새의 날개도 젖어 있습니다

새는 제 그림자를 날개 깊숙이 감추고
왔던 길을 되짚어가듯
석양을 향해 날아오릅니다

망각하지 않으려
쉬지 않고 걸어온 길에 찍어놓은
데칼코마니의 발자국

다시 마파람이 불어옵니다
물 위에서 오래 머뭇거리는 내 그림자도
동심원 속에서
같은 그림을 반복하고 있습니다

—「새의 데칼코마니」 전문

   이 시를 보면 정혜선 시인의 상상력이 범상치 않음을 알 수 있다. "하늘 가까이에서/ 그림자 없이 살아가는 것이/ 새의 숙명"이었는데 그 운명이 바뀐다. 소나기가 그친 어느 여름날 오후, 새가 길게 늘어뜨린 제 그림자를 쪼기 시작하더니 그림자가 점점 짧아지고 결국 그림자가 사라지고 만다. 데칼코마니는 다들 아시겠지만, 유리판이나 종이 등 물감을 흡수하지 않는 재질의 표면에 물감을 칠하고, 다른 종이 등을 덮어 누르거나 문지르고 떼어내는 미술 기법이다. 즉, 그림을 반만 그린 후 접어서 인쇄하는 미술 방식이다. 이 별난 새는 이제 제 그림자를 날개 깊숙이 감추고 왔던 길을 되짚어

가듯 석양을 향해 날아오른다. 이카로스를 닮았다. 마지막 2개 연을 보면 새의 그런 몸짓을 본받아 화자의 그림자 또한 "동심원 속에서/ 같은 그림을 반복하고 있"었으니, 이 무슨 운명의 장난인가, 作亂의 운명인가. 외교관의 아내가 되어 세계 곳곳에서 살아가야 하는 자신의 운명을 빗댄 시로 읽히는데, 나의 오독일지도 모르겠다.

이제 미국에서의 삶이 반영된 시를 읽어보도록 하자. 미국이 세계적인 부국인데 대도시마다 왜 그리 노숙자(홈리스)가 많은지, 길을 가다 깜짝깜짝 놀라게 된다.

> 오후에 또 폭설이 쏟아진다고 한다
> 미국 수도 워싱턴의 노숙자들은 도서관이 있어 얼어 죽지 않는다
> 낮에는 도서관에 들어가 몸을 녹이고
> 밤에는 지하철역을 찾아든다
> 그가 그 한데를 잠자리로 삼은 것은 언제부터였을까
> 투구벌레처럼 집 한 채를 짊어지고 느릿느릿 걸어간다
> 사계절 옷가지를 쓸어 담은 검정봉지 손에 들고
> 노숙의 성지인 뜨신 김 오르는 지하철역 그의 방고래
> 개어 놓은 이불을 방석 삼아 앉는다
> 발밑을 구불구불 쉬지 않고 흘러갈 도시의 흉몽들
> 거미굴 같은 도시의 내장
> 귀가를 서두르는 사람들의 발걸음 소리 유난히 귀에 박힌다
> ―「폭설 쏟아지는 저녁의 언어 1」 전문

워싱턴의 노숙자들은 도서관에서 낮 시간을 보낸다니 신기하다. 지하철역이 잠자리를 제공하므로 衣食住 중에서 住는 해결이 된 셈이다. 그 노숙자가 행인들이 보고 있는 것에 아랑곳하지 않고 봉지에서 닭다리를 꺼내 천천히 씹는다. 좌선하는 승려처럼 눈감고 앉아서. 이 광경에 대한 해석이 재미있다.

먹을 것이 넘쳐나는 이 도시에서 노숙자라고 배고플 리 없겠지만
그는 한참을 굶은 사람 같다
공허를 먹고 혼잣말을 먹고 지하도의 탁한 공기를 마신다
과거의 조각들을 오래오래 씹어 삼키고 다시 게워 내어 또 씹는다
음식을 삼키고 나면 알아듣지 못할 말을 입속으로만 중얼거린다
주문이라도 외우는 듯 뜻이 불분명한 영어
겨울 저녁의 지하철역에 그의 먹는 행위만이 클로즈업된다
— 「폭설 쏟아지는 저녁의 언어 3」 전문

여유가 있어 좋다고 해야 할까. 자유자재이고 유유자적이다. 눈까지 펑펑 내리고 있으면 귀갓길이 초조하고 힘들 텐데 노숙자는 혼잣말을 하면서 이 상황에 방관자가 되어 닭다리를 먹고 있다. 시인이 이런 노숙자가 된 듯한 기분에 사로잡힐 때가 있다. 내가 생각한 바를 영어로 유창하게 표현

하지 못할 때다. "영어로 말할 때 나는 종종 말을 더듬는다/ 길을 잃고 헤매는 언어들/ 모국어로 치환해도 결국 같은 값이 나오지만/ 그 끈을 끈질기게 붙잡고 있다"고 하니, 역시 외국에서 사는 것은 쉽지 않다. 그곳의 언어가 장벽이 되어 가로막을 때가 얼마나 많았겠는가. 워싱턴에 살면서 텃밭을 가꾼 이유는 고국의 음식 맛을 잊을 수 없어서 식재료로 쓰기 위해서일 것이다.

> 한 달 동안 한국에 다녀와서 마주하는
> 워싱턴의 내 텃밭
> 일제히 와그르르 웃음 터트리며 환호한다
> 무성하게 우거진 텃밭이 낯설다
> 텃밭의 채소들만이 이 도시에 남아
> 천둥지기 농사를 지었구나
> 끄떡없이 잘살고 있었구나
>
> 주인이 다 팽개치고 이 도시를 떠나 있는 동안
> 소나기에게 동냥 젖 얻어먹고
> 지나가는 구름이 지글거리는 땡볕을 덮어주고
> 바람은 종종 뺨에 흐르는 땀을 닦아 주었으리
> 아하, 이것이 바로 여름 농사법
> 햇살과 비와 바람의 손길이 경작해 주는
>
> 일시에 터뜨리는 매미 울음소리에

상추, 깻잎, 고추, 오이, 가지, 호박, 한국 채소들이
쿵짝쿵짝 트로트로 박자를 맞춘다
호박 넝쿨과 오이 넝쿨은 하늘을 향해 기어오르기 시작한다
삭막한 시멘트 건물 속 녹색 진지를 구축하고
도시의 아침을 깨우고
잠든 세포를 흔들어 깨운다

내 텃밭의 자유, 내 영혼의 의지는 여기서부터 시작이다
―「워싱턴 텃밭」 전문

    한 달 간 한국에 다녀왔더니 텃밭의 한국 채소들이 제멋대로 자라서 쿵짝쿵짝 트로트로 박자를 맞추고 있다. 채소들이 삭막한 시멘트 건물 속에서 녹색 진지를 구축하고 도시의 아침을 깨우고 잠든 세포를 흔들어 깨운다. 멋진 표현이다. 워싱턴에서 한국을 느낄 수 있게 하는 채소들이 얼마나 고마운지 시인은 춤이라도 추고 싶었을 것이다. 일본에 있던 시절, 된장에 낫토를 섞어 끓여 청국장 맛을 낸 적이 있었다고 한다. 입맛은 정말 잘 변하지 않는다.

    뚝배기가 부린 마법이었을까

반듯하게 무늬 진 이방의 삶으로 처음 내려설 때마다
쭈뼛쭈뼛 모난 구석에라도 발 디딜 용기가 생겼던 건
틈 벌려 나를 앉혀주는 고마운 손길에 믿음을 준 건

꼭짓점이 뭉개지고 버무려지며 속 깊은 데까지 뜨거워진 건

목숨 걸고 국경 넘어온 이웃이 있다
닿을 수 없는 것 그리워하는 사람, 알아보기 시작한다

청국장이 끓고 밥이 익을 때
이제 내가 둥근 밥상을 펼칠 차례

— 「뚝배기 속」 후반부

"목숨 걸고 국경 넘어온 이웃"은 탈북자를 연상시키는데 이 시에서는 그냥 '난민'으로 간주해도 되겠다. 시집에 난민을 다룬 시도 여러 편 나온다. 한국 사람은 어딜 가나 한국 사람이다. 외국인들은 청국장 냄새만 맡아도 인상을 찌푸리며 고개를 흔들지만 우리는 입맛을 다신다. 청국장이 끓고 밥이 익을 때 "닿을 수 없는 것 그리워하는 사람"을 알아보기 시작한다. "이제 내가 둥근 밥상을 펼칠 차례"라는 결구가 의미심장하다. 시인은 해외에서 살면서도 한글로 시를 쓰고 있고 그럼으로써 모국어를 지키고자 한다.

당신을 보았다 오늘 또 다른 이국의 거리에서 당신을 보았다

어느 여름 우즈베키스탄의 옛 수도 히바에서 나를 그려줄
사내를 산 적이 있다
남자의 크레용 상자에 담겨있던 남루의 색깔들

다섯 개의 크레용으로 젊은 동양 여자 여행객을 그렸다
내 얼굴이라기보다는 화가 자신을 닮은 찌뿌둥한 표정의 캐리커처를……

거리의 화가가 즐비하던 그곳에서
하필이면 그 남자 앞에 앉아 얼굴을 내밀었을까
도화지 속의 생경한 얼굴을 마주한 순간
왠지 새로운 생이 저벅저벅 걸어오고 있는 듯해서
버리려던 캐리커처를 가방에 쑤셔 넣었다

—「캐리커처」 전반부

  이 시 속의 당신이 누구인지 궁금하다. 첫사랑인가 옛 애인인가? 알 수는 없지만 우리는 외국에 가 있게 되면 더욱 절실하게 고국의 사람들을 생각하게 된다. 그와의 추억을 떠올리게 되고, 그리워하게 된다. 내 캐리커처를 영 못 그린 우즈베키스탄 거리 화가의 작품을 버리려다가 가방에 쑤셔 넣은 이유는 기쁜 추억도 슬픈 추억도, 아픈 추억도 못난 추억도 내 온전히 '내 것'이기 때문이다. 「가을 파종」「학교 가는 길」「그 많던 이는」「천진한 기억의 그림자—알츠하이머」「손의 안부」 등 많은 시가 시인이 담담히 들려주는 추억담이다. 아픔이 시간의 회로를 돌아 나오면 슬픔이 되고, 슬픔이 시간의 회로를 돌아 나오면 그리움이 된다.
  그런데 고국에서 들려오는 소식이 좋은 것만 있는 것이 아니다. 1년에 몇 달씩 한국에 와 있을 때도 좋은 일만 있는 것이 아니다. 세월호 사건 때도 그렇게 많은 학생들이 죽었는데 이태원 사건 때도 대다수 희생자가 청소년이었다. "실성한 듯 심폐소생술을 해도 돌아오지 않는 사람들/ 벌어진 셔츠 위엔 머뭇거리다 빠져나가는 것들이 있어/ 영영 먼 데로 건너가는 것들"(「핼러윈」) 하면서 애통해 하기도 한다.

 시집이 전체적으로 함께 사는 이웃(동포와 외국인들을 다 포함한 세계인)에 대한 관찰 기록이면서 아픔을 공유하려고 하는 측은지심의 발로이다. 시인은 그런 점에서 민간 외교관이다. 앞으로 더 많은 나라에 가 있을지 모른다. 한국어로 말하면 알아듣지 못할 사람들 앞에서 시인은 의사소통을 원활히 하기 위해 손짓을 해야 할 때가 많겠지만 숙소로 돌아와서는 시심을 가다듬을 것이다. "길들여지지 않는 혀의 습성" 때문에 애를 먹으면 먹을수록, "실어증의 한없는 무한 재생" 때문에 상처를 받으면 받을수록, 시의 샘에서는 언어의 샘물이 콸콸 솟아날 것이다. 등단 10년 만에야 펴내는 시집이 이미 문제적인데 제2시집, 제3시집에서는 어떤 풍경을 보여줄지 기대가 많이 된다. 외국에서의 생활이 많은 불편을 야기할 테지만 그것이 시를 쓰게 하는 원동력이 될 것이다. 시인은 『포엠포엠』에 실린 대담에서 자신을 '방랑의 베테랑'이라고 칭하였다. 그때 했던 말을 상기하면서 해설 쓰기를 마칠까 한다.

 "자신에게 집중하면서 동시에 세상의 움직임에 귀를 쫑긋하고, 지구 반대편의 난관에도 함께 아파해야 합니다. 세상의 불합리와 슬픔에 불편하고 괴로워해야 합니다. 개인이 할 수 있는 일은 많지 않습니다. 하지만 어떤 태도를 취할 것인가는 우리가 선택할 수 있습니다. 선량한 이웃으로 사는 것. 시인뿐 아니라 우리 모두가 택해야 하는 삶의 역할이라고 생각합니다."

포엠포엠시인선 042

이렇게 작아 보이는 지구 안에
그렇게 먼 길이 있었다니

정혜선 시집

초판 1쇄 발행 | 2025년 3월 5일

지은이 | 정혜선
펴낸이 | 한창옥
기획·제작·편집 | 성국
디자인 | 성국, 김귀숙

펴낸곳 | 도서출판 **포엠포엠 POEMPOEM**
출판등록 | 25100-2012-000083

본   사 | 서울시 송파구 잠실로 62 트리지움 308-1603 (05555)
편집실 | 부산시 해운대구 마린시티 3로 37 오르듀 1322호 (48118)
출간 문의 | 010-4563-0347, 02-413-7888
팩스 FAX | 02-6478-3888, 051-911-3888
이 메 일 | poempoem@daum.net
홈페이지 | www.poempoem.kr
제작 및 공급처 | 산업디자인전문회사 두손컴

정가 13,000원

ISBN 979-11-86668-48-1 03810

* 저자와 협의 아래 인지를 생략합니다.
* 이 책의 저작권은 저자와 출판사에 있습니다.
  저자 허락과 출판사 동의 없이 무단 전재 및 복제를 금합니다.
* 잘못 만들어진 책은 바꿔드립니다.